कुश्ती

खेल और नियम

कुश्ती
खेल और नियम

सुरेंद्र श्रीवास्तव

एस.के. इंटरप्राइजेज

प्रकाशक : एस.के. इंटरप्राइजेज, सी–54, गणेश नगर कॉम्पलैक्स, दिल्ली–110092
सर्वाधिकार : सुरक्षित / संस्करण : 2025 / मूल्य : तीन सौ रुपए
मुद्रक : नरुला प्रिंटर्स, दिल्ली
ISBN 978-93-80839-20-2

KUSHTI : Khel aur Niyam
by Shri Surendra Shrivastava
₹ 300.00
Published by **ESSKAY ENTERPRISES**
C-54, Ganesh Nagar Complex, Delhi-92

आभार प्रकट करता हूँ
श्री सुरेंदर चौहान का, जिन्होंने
इस पुस्तक को लिखने में मेरी मदद की
तथा उत्साहवर्द्धन किया…

दो शब्द

प्यारे दोस्तो,

हाल के दिनों में स्पोर्ट की एक विधा 'कुश्ती' का क्रेज बढ़ा है तथा अनेक लड़के-लड़कियाँ खेल की इस विधा में अपना कॅरियर बनाने के लिए उत्सुक हैं।

खेलों में पैसा तो बहुत है, साथ ही खिलाड़ी को काफी शोहरत-इज्जत भी मिलती है। उनमें कुश्ती भी एक है।

पर, कुश्ती को अपना कॅरियर बनाने से पहले इसमें दिलचस्पी रखनेवाले छात्र-छात्राओं को खेल से जुड़े बुनियादी नियमों व तथ्यों की जानकारी कर लेनी चाहिए। इसी उद्देश्य से यह पुस्तक तैयार की गई है।

मैंने अपनी इस पुस्तक के दौरान खेल के सभी तकनीकी पहलुओं पर प्रकाश डालने की कोशिश की है। इस पुस्तक को लिखने में मेरे मित्र श्री सुरेंदर चौहान के सहयोग का आभारी हूँ।

आशा है, पाठकों को पुस्तक पसंद आएगी। हो सकता है, पुस्तक में कुछ त्रुटियाँ रह गई हों, कृपया अपने विचार व सुझावों से मुझे अवगत कराने की कृपा करें, ताकि आगामी संस्करण में उन्हें दूर किया जा सके।

हार्दिक शुभकामनाओं समेत—

भवदीय

सुरेंद्र श्रीवास्तव

अनुक्रमणिका

अंतिम अध्याय

1

क्या है कुश्ती ?

कुश्ती एक ऐसा खेल है, जहाँ आपका शरीर ही आपका हथियार होता है। यदि आप प्रोफेशनल पहलवान बनना चाहते हैं अथवा इसके प्रति खासा गंभीर हैं, तो आपको लगातार व नियमित रूप से अपनी शारीरिक ऊर्जा शक्ति को सक्रिय रखने तथा उसे बनाए रखने के लिए ट्रेनिंग की जरूरत होती है। इसका अर्थ यह भी है कि आपको पूरे वर्ष वर्कआउट करना होगा, चाहे आप इस दौरान फील्ड में हों अथवा घर पर पड़े हों, वर्कआउट को कमी मत भूलिए। यह न सोचें कि ऑफ सीजन है, वर्कआउट की क्या जरूरत है।

एक पहलवान को हर समय शारीरिक रूप से फिट व चुस्त रहने की जरूरत होती है। चाहे वह डुअल मीट्स तथा कुश्ती टूर्नामेंट्स में भाग नहीं भी ले रहा हो, लेकिन उसे स्ट्रेंथ ट्रेनिंग करनी ही होगी। एकमात्र वर्कआउट के जरिए ही आपका वेट तथा स्ट्रेंथ मेंटेन रहेगा।

स्ट्रेंथ ट्रेनिंग तथा कुश्ती

कुश्ती में वेट मेंटेनिंग अथवा कटिंग आवश्यक होता है। क्योंकि आप एक पहलवान बनने के लिए ट्रेनिंग ले रहे होते हैं, ऐसे में आपके शरीर को औसत पोषक तत्व न्यूट्रिएंट्स से कुछ ज्यादा पोषक तत्त्व की जरूरत होती है।

यदि आप कुछ वजन बढ़ाने के लिए प्रयासरत हैं, तो स्ट्रेंथ ट्रेनिंग करें, क्योंकि इसके जरिए ही आपके शरीर के मसल्स का विकास होता है। यह मत भूलें कि स्ट्रेंथ ट्रेनिंग के दौरान आपको अच्छे पोषक तत्त्वों की भी जरूरत है। अच्छे

पोषक तत्त्व से ही मसल्स शक्तिशाली होते हैं।

एक पहलवान के लिए स्ट्रेंथ ट्रेनिंग उतना ही आवश्यक है, जितना एक आम इनसान को जीवित रहने के लिए भोजन और पानी।

डायट और स्ट्रेंथ ट्रेनिंग

स्ट्रेंथ ट्रेनिंग में डायट की महत्त्वपूर्ण भूमिका होती है। यदि आपका लक्ष्य वजन घटाना होता है, तो अपने भोजन (आहार) में कार्बोहाइड्रेट्स युक्त पदार्थों का ज्यादा सेवन न करें। क्योंकि शरीर में अतिरिक्त कार्बोहाइड्रेट्स जमा होने पर शरीर का वजन बढ़ने लगता है।

❑

2

कुश्ती का इतिहास

कुश्ती का इतिहास काफी पुराना रहा है। ऐसा माना जाता है कि पंद्रह हजार वर्ष पहले फ्रांस में कुश्ती की शुरुआत हुई थी। उससे पहले मिस्र और बेबीलोनिया में लोग कुश्ती के शौकीन होते थे। वहाँ यह खेल काफी लोकप्रिय था। इस हिसाब से देखा जाए, तो प्राचीन मिस्र और बेबीलोनिया ही ऐसे देश हैं, जहाँ कुश्ती का सर्वप्रथम उदय हुआ था। यहाँ से दुनिया के बाकी देशों में कुश्ती का प्रचार-प्रसार हुआ था।

प्राचीन मिस्र और बेबीलोनिया में खेली जानेवाली कुश्ती की कुछ परंपराएँ

आज भी जीवित हैं तथा आधुनिक कुश्ती में उनका ध्यान रखा जाता है।

प्राचीन ग्रीस में लीजेंड और लिटरेचर दोनों दृष्टिकोण से कुश्ती का महत्त्वपूर्ण स्थान था।

ओलंपिक गेमों में कुश्ती प्रतियोगिताएँ जरूर शामिल की जाती थीं, क्योंकि ये आकर्षण की केंद्र होती थीं।

प्राचीन रोम पहला देश था, जिसने ग्रीक कुश्ती को अपने देश में लाया और उसका जमकर प्रचार-प्रसार किया। लेकिन जब इसमें हिंसात्मक पक्ष व कठोरता का समावेश देखा, तो जल्दी ही इस खेल से रोमन लोगों का मन भर गया।

मध्य युग में कुश्ती काफी लोकप्रिय हुआ था। राजा-महाराजाओं तथा नवाबों के दरबार में बाकायदा दंगल प्रतियोगिताओं का आयोजन किया जाता था और इसे देखने के लिए दूर-दूर से लोग आते थे। उस समय यह राजाओं की शान समझा जाता था। विजेता को राजा या नवाब खुद अपने हाथों से पुरस्कृत करते थे तथा उसे ढेर सारे उपहार दिए जाते थे। दंगल विजेता को राजदरबार में स्थान दिया जाता था।

प्रत्येक राजा-महाराजा या नवाब अपने दरबार में पहलवानों को रखता था, जो एक तरह से उनके बॉडीगार्ड भी होते थे। कम-से-कम फ्रांस, जापान और इंग्लैंड में ऐसा ही कुछ नजारा था।

अमेरिका में कुश्ती कब और कहाँ से शुरू हुई, यह ठीक-ठीक बताना संभव नहीं है, पर ऐसा माना जाता है कि इंग्लैंड की कुश्ती के अमेरिकी दीवाने थे। तब आज की तरह नहीं था अमेरिका, जो लोग पहले से वहाँ रह रहे थे, वे आपस में कुश्ती की परंपरा का निर्वहन करते आ रहे थे, लेकिन जब सभ्यता का विकास हुआ और इंग्लैंड की कुश्ती की चमक वहाँ बिखरने लगी, तो प्राचीन अमेरिकी लोगों ने इसे ही अपना लिया। इस प्रकार से इंग्लैंड से अमेरिका में कुश्ती का प्रचार-प्रसार हुआ। यह खेल जल्दी ही वहाँ लोकप्रिय हो गया।

यहाँ यह भी बता दूँ कि प्राचीन अमेरिकी अमेच्योर कुश्ती में विश्वास रखते थे और पूरे देश में शान-मान से इसका आयोजन होता था। अमेच्योर कुश्ती का आयोजन प्रायः मेलों, हाटों, समारोहों तथा सैन्य शिविरों में होता था। इस प्रकार की कुश्तियों की अपनी अलग स्टाइल होती थी, जिसे अमेरिकन स्टाइल के नाम से जाना जाता था। इसके अंतर्गत 'धरपकड़' वाली थ्योरी अपनाई जाती थी। यह सब तब की बात थी, जब इंग्लैंड में कुश्ती की नई व आकर्षक विधा नहीं आई थी।

इतिहासकारों में यह असमंजस की स्थिति है कि इंग्लैंड और अमेरिका में से किस देश ने पहले कुश्ती को अपनाया था। कुछ इतिहासकारों का मत है कि पहले

अमेरिका में कुश्ती को लाया गया, तो अन्य कई लोगों का यह भी विचार है कि इंग्लैंड से ही कुश्ती का प्रचार अमेरिका में हुआ था।

खैर, आगे बढ़ते हैं।

कई देशों से कई देशों में गुजरती कुश्ती की प्राचीन परंपरा में बदलते वक्त के अनुसार सुधार व विकास भी होता गया। अलग-अलग देशों में अलग-अलग तरीकों व स्टाइल से खेली जानेवाली कुश्ती किसी मुकाम पर आकर, अपने सुदृढ़ नियमों व परंपराओं के कारण स्थिर भी हो गई। तब कुश्ती के नियमों व सिद्धांतों का आगाज हुआ, और कुछ पुराने, कुछ नए नियमों को मिला-जुलाकर इसे आधुनिक स्वरूप देने की कोशिश की गई।

आधुनिक रूप में पहली बार नेशनल कुश्ती टूर्नामेंट का आयोजन सन् 1888 में न्यूयॉर्क सिटी में हुआ था। वहीं, आधुनिक ओलंपिक गेम्स में पहली बार कुश्ती प्रतियोगिता को सन् 1904 में शामिल किया गया था, जब इसका आयोजन सेंट लुईस, मिसौरी में हुआ था।

फिला (FILA) का गठन सन् 1912 में अंटवर्थ, बेल्जियम में हुआ था। उसी वर्ष पहली एन.सी.ए.ए. कुश्ती चैंपियनशिप एक्स, आइओवा में आयोजित हुई थी।

यू.एस.ए. कुश्ती सन् 1983 में अमेच्योर कुश्ती की राष्ट्रीय शासकीय इकाई बनी थी और तभी से यह सभी उम्र व वर्ग के स्तर पर प्रतियोगिताओं का आयोजन अथवा संचालन करती है।

विविधता में एकता

कुश्ती के विविध स्वरूप हैं, जैसे—आर.ए.डब्ल्यू., स्मैक डॉउन, नो वे आउट, एस.एन. मेन इवेंट्स, रेसल मैनिया, हीट, डब्ल्यू. डब्ल्यू. ई., डब्ल्यू. डब्ल्यू. डब्ल्यू. एफ., वेलोसिटी, जूनियर, सीनियर टैग टीम आदि उल्लेखनीय हैं। लेकिन उनका उद्देश्य या लक्ष्य एक ही होता है, रिंग्स में प्रतिद्वंद्वी को 'पिन' करना जब रेफरी का इशारा होता है। जब तक प्रतिद्वंद्वी पकड़ में नहीं आता है, तब तक मैच जारी रहता है।

कुश्ती ने रातों-रात खिलाड़ियों को प्रसिद्धि के शिखर पर पहुँचाया है। एक समय कुश्ती एक सुंदर व स्वस्थ खेल का हिस्सा होता था, आज यह 'सोप-ओपेरा' में तब्दील हो गया है।

जहाँ तक कुश्ती की एक विधा डब्ल्यू. डब्ल्यू. ई. की बात है, यह मनोरंजन से जुड़ा है। स्मैक डॉउन मैचों में जूनियर डिविजंस खासा ध्यान आकर्षित करते हैं।

स्मैक डॉउन मैचों में लैसली का नाम सबसे ऊपर है। यह जूनियर पहलवानों में टॉप पर है।

आज कुंश्ती में कुछ मुव्स ज्यादा चर्चा में हैं, जैसे बैक बॉडी ड्राप्स, डबल ऐंड सिंगल ड्रॉप किक्स, बैकस्लाइड, बैक फिस्ट, बिलजार्ड सपलेक्स, ब्रिज, कैननबाल, चोप, क्लॉ होल्ड आदि।

आज रिंग में ज्यादातर पहलवान जीतने के लिए क्लॉ होल्ड को अपना हथियार बनाते हैं, हालाँकि एक समय इस मूव के इस्तेमाल पर रोक लगा दिया गया था।

दूसरा सबसे ज्यादा प्रचलित व इस्तेमाल में लाया जानेवाला मूव है—कैमल क्लच।

रिंग में प्रतिद्वंद्वी आमतौर पर अपने प्रतिद्वंद्वी पहलवान को जकड़ने अथवा उसकी बैक पर चढ़ने के लिए इस मूव का इस्तेमाल कर रहे हैं।

कैमल क्लच में प्रतिद्वंद्वी पहलवान अपने प्रतिद्वंद्वी के 'चिन' को कसकर पकड़े हुए उसे उसी स्थान पर लॉक कर देते हैं। इस तरह से पहलवान अपने प्रतिद्वंद्वी की बातों तथा उसके सिर को तब तक खींचना जारी रखता है, जब तक कि इस क्रिया में 'टोर्सो' पृष्ठ भाग में मूव नहीं कर जाता है।

❑

3

लेहिघटन कुश्ती का इतिहास

वर्षों से कुश्ती में लेहिघटन की विशिष्टता को देखते हुए उसे मान्यता प्राप्त है। सन् 1965 में जब हेड कोच ब्रुस ट्रोटर यांत्रिक ढंग से अपनी कुश्ती की योजना को ग्राउंड पर ले जाने की तैयारी में लगे थे, तो सबसे पहले उनके दिमाग में लेहिघटन का ही खयाल आया था तथा इसे उन्होंने मूर्त रूप दिया। इस तरह से लेहिघटन कुश्ती का प्रारंभ सन् 1965 में हुआ था।

कुश्ती प्रतियोगिता के अनेक स्तरों पर लेहिघटन का वर्चस्व रहा है। सन् 1965 से सन् 1972 के दौरान इसका रैंक AAA स्तर तक छू गया था। सन् 1973-85 तक थ्री ए (AAA) टू ए (AA) में तब्दील हुआ। इसके बाद पुनः इसका रैंक सन् 1986 से 2000 के बीच AAA पर स्थिर हो गया। सन् 2000-2001 में यह रैंक AA पर था।

अब तक लेहिघटन कुश्ती टीमों ने चार लीग चैंपियनशिपों के लिए कुश्ती खेली है। डिस्ट्रिक्ट स्तर पर दो चैंपियनशिपों के लिए मुकाबला किया।

ये लीग चैंपियनशिप इस प्रकार से हैं—सन् 1971-72, 1973-74, 1974-75 तथा 1975-76।

डिस्ट्रिक्ट चैंपियनशिप इस प्रकार से हैं—सन् 1974-75 और सन् 1975-76।

लेहिघटन से जुड़कर अनेक पहलवान विश्व कुश्ती में सितारे की तरह चमक रहे हैं। उस समय 46 लीग चैंपियन, 18 डिस्ट्रिक्ट चैंपियन तथा 11 रिजनल चैंपियन थे।

❑

4

फिला (*Fila*) और कुश्ती

दूसरे खेलों की तरह कुश्ती के भी अपने नियम व तरीके हैं। इसको 'रूल्स ऑफ द गेम' भी कहा जाता है। क्योंकि शुरू से लेकर आखिर तक (रिजल्ट की घोषणा होने तक) नियमबद्ध होते हैं।

कुश्ती में अभ्यास के दौरान पहलवान को कई एक बातों का ध्यान रखना पड़ता है। पहलवान का एकमात्र उद्‌देश्य अपने प्रतिद्वंद्वी को 'पिन' करना अथवा प्वॉइंट्स पर जीतना होता है।

सभी तरह के कुश्ती मुकाबलों तथा पद्धतियों को फिला के अंतर्गत बनाए गए रूल्स व रेगुलेशन के द्वारा ही संचालित किए जाते हैं, अर्थात् 'फिला' का इस स्पोर्ट पर नियंत्रण रहता है।

आपने कुश्ती में ग्रीको-रोमन स्टाइल तथा फ्री स्टाइल की चर्चा सुनी होगी। दोनों में बुनियादी अंतर है।

एक ओर जहाँ ग्रीको-रोमन स्टाइल में प्रतिद्वंद्वी खिलाड़ी को बेल्ट लाइन के नीचे 'ग्रैस्प' करने की अनुमति नहीं दी जाती है अथवा उसे हलके से पाँवों से ठोकर या यूँ कह सकते हैं कि किसी भी एक्शन को परफॉर्म करने के लिए टाँगों को सक्रिय रखने पर सख्त पाबंदी होती है, वहीं फ्री-स्टाइल कुश्ती में यह पाबंदी नहीं होती है।

पहलवान को यह छूट मिली रहती है कि वह अपने प्रतिद्वंद्वी की टाँगों को पकड़ सके अथवा उसे अपने पाँवों से हलके से धक्के मार भी सकता है, यानी एक पहलवान फ्री-स्टाइल में अपने पाँवों से एक्शन करने के लिए आजाद होता है।

महिला कुश्ती में डबल नेल्संस की सख्त पाबंदी है।

एक विशिष्ट तरीके व नियम से 'बीच कुश्ती' को संचालित किया जाता है। 'ट्रेडिशनल कुश्ती' भी स्पेशिफिक रूल्स के विषय हैं।

फिला के जितने भी नियम, अनुशासन, तरीके व पाबंदियाँ हैं, उनका पालन पहलवान, कोच, रेफरीज, लीडर्स—सभी को करना होता है। ये सभी स्वीकृत नियम होते हैं तथा इन पर किसी भी तरह की उँगली नहीं उठाई जा सकती है।

- फिला कार्यकारी ब्यूरो कुश्ती से जुड़े किसी भी मामले का अंतिम निर्णायक होता है या यह कह सकते हैं कि वह निर्णय व कार्य तथा अधिकार में सर्वोच्च सत्ता है।
- सुझाव के लिए लाए गए सभी मामले चरणबद्ध रूप से संपन्न होते हैं। पहले सहायक इकाई इस पर विचार करती है, फिर फिला कांग्रेस से अनुमोदित होकर ऊपर तक जाती है।
- फिला के नियमों में फेरबदल का अधिकार केवल फिला कार्यकारी ब्यूरो को है।
- ट्रॉयल इवेंट में केवल फ्रेंच टेक्सट वैलिड होता है।
- नेशनल फेडरेशंस फिला के दस्तावेज का अपनी-अपनी आधिकारिक भाषाओं में अनुवाद करते हैं।
- प्रतियोगिता में प्रत्येक रेफरी फिला के नियमों का सख्ती से पालन करता है।
- एक रेफरी की अपनी भाषा में तथा दूसरी भाषा फिला की आधिकारिक भाषा होती है, यानी नियमों की प्रति दो भाषाओं (फ्रेंच तथा अंग्रेजी) में उपलब्ध कराई जाती है।

❑

5

प्रतियोगिता पद्धति एवं विधि

प्रतियोगिता में प्रत्यक्ष एलिमिनेशन सिस्टम

प्रत्यक्ष एलिमिनेशन सिस्टम के द्वारा प्रतियोगियों का चुनाव किया जाता है।

- सभी तरह की प्रतियोगिताएँ (प्रतियोगिता के नियम व शर्तें) प्रत्यक्ष एलिमिनेशन सिस्टम के जरिए ही संपन्न होती है।
- प्रतियोगिता के तहत लूजर पहलवानों के बीच रिपिचेज (Repechage) के दो राउंड के मैच कराए जाते हैं।
- प्रतियोगिता के आरंभ में ही यह निर्धारित कर लिया जाता है कि कितनी संख्या की जरूरत है अथवा यह कह सकते हैं कि मैच शुरू होने के क्रम में ही आइडियल नंबर की तलाश कर ली जाती है। ये मैच 'ड्रा' के निचले स्तर से शुरू होते हैं।
- वे पहलवान जो केवल दो फाइनलिस्टों को छोड़कर राउंड में बाहर हो चुके होते हैं, उनके बीच रिपिचेज मैच कराए जाते हैं। रिपिचेज मैच प्रथम राउंड में हार चुके पहलवान के बीच शुरू होते हैं (आइडियल नंबर प्राप्त करने तक मैच समेत), प्रथम राउंड में हारे बनाम दो फाइनलिस्टों में से एक से शुरू होकर सेमीफाइनल्स में हारे पहलवान तक (डायरेक्ट एलिमिनेशन)।
- दो रिपिचेज मैचों के विजेता ही कांस्य मेडल्स प्राप्त करते हैं। प्रत्येक को एक-एक कांस्य मेडल दिया जाता है।
- वेट कैटेगरी के मुकाबले/स्पर्द्धाएँ उसी दिन शुरू होती हैं तथा उसी दिन

खत्म भी हो जाती हैं, यानी एक दिन में ही सारा संपन्न हो जाता है।

प्रतियोगिता के चरण—

1. क्वॉलिफिकेशन राउंड
2. एलिमिनेशन राउंड
3. रिपिचेज राउंड
4. फाइनल्स।

यदि 'वे-इन' कैटेगरी में पहलवान की कुल संख्या 6 से कम है, तो नॉर्डिक

राउंड में उन्हें उतारा जाता है। (एक पहलवान पर एक मुकाबला)

प्रत्यक्ष एलिमिनेट सिस्टम में पहलवानों का आइडियल नंबर होना बहुत जरूरी है। जैसे आइडियल नंबर हैं—4, 8, 16, 32, 64 इत्यादि।

यदि किसी कैटेगरी में पहलवान का कोई आइडियल नंबर नहीं है, तो क्वॉलिफिकेशन मैच का आयोजन किया जाता है।

आइए, एक प्रतियोगिता के उदाहरण से डायरेक्ट एलिमिनेशन को समझते हैं—

माना कि एक वेट कैटेगरी में कुल 22 प्रतियोगी पहलवान हैं। ये सभी 22 पहलवान एक से 22 तक आँख मूँदकर एक-एक नंबर निकालते हैं, जिसके बारे में उन्हें कुछ पता नहीं होता।

क्वॉलिफिकेशन राउंड

क्लोजेस्ट लोअर आइडियल नंबर प्राप्त करने के क्रम में डायरेक्ट एलिमिनेशन सिस्टम का आयोजन किया जाता है (16 पहलवान)।

क्वॉलिफिकेशन मैच कराए जाते हैं।

उदाहरण में आइडियल नंबर 16 में 6 पहलवान लेने हैं।

अब ऐसे 6 पहलवान में क्वॉलिफिकेशन मैच होंगे, जो 16 के बाद सर्वाधिक उच्च नंबर प्राप्त करते हैं; जैसे—17, 18, 19, 20, 21 और 22 तथा दूसरी ओर 6 पहलवान बिना सोचे-समझे सीधा 17 से पहले, जैसे—16, 15, 14, 13, 12, 11 के नंबर खींचते हैं।

बिना सोचे-समझे निकाले गए नंबरों के सिलसिले में पेयरिंग प्रिंसिपल के अनुसार निम्न तरीके से मैच संपन्न होते हैं—

- संख्या नं. 11 के खिलाफ संख्या नं. 12
- संख्या नं. 13 के खिलाफ संख्या नं. 14
- संख्या नं. 15 के खिलाफ संख्या नं. 16
- संख्या नं. 17 के खिलाफ संख्या नं. 18
- संख्या नं. 19 के खिलाफ संख्या नं. 20
- संख्या नं. 21 के खिलाफ संख्या नं. 22

उपरोक्त 6 क्वॉलिफिकेशन मैचों के विजेता डायरेक्ट एलिमिनेशन के द्वारा एलिमिनेशन राउंड के लिए क्वॉलिफाइड होते हैं।

एलिमिनेशन राउंड

क्वॉलिफिकेशन मैचों के बाद हमारे पास 16 पहलवान का आइडियल नंबर है।

16 पहलवान एलिमिनेशन राउंड कंपीट करते हैं, 10 पहलवान 1 से 10 तक के बीच से नंबर खींचते हैं और 6 पहलवान, जिन्होंने क्वॉलिफिकेशन मैचों को जीता; जैसे—संख्या 12, 13, 15, 17, 19 और 22 (6 में जाते हैं)।

अब बिना सोचे-विचारे प्राप्त किए गए अथवा खींचे गए नंबरों के क्रम में पेयरिंग प्रिंसिपल के आधार पर प्रथम एलिमिनेशन राउंड निम्न रूप से संपन्न होता है—

- संख्या 1 के मुकाबले संख्या 2
- संख्या 3 के मुकाबले संख्या 4
- संख्या 5 के मुकाबले संख्या 6
- संख्या 7 के मुकाबले संख्या 8
- संख्या 9 के मुकाबले संख्या 10
- संख्या 12 के मुकाबले संख्या 13 क्वॉलिफिकेशन मैचों के विजेता
- संख्या 15 के मुकाबले संख्या 17 क्वॉलिफिकेशन मैचों के विजेता
- संख्या 19 के मुकाबले संख्या 22 क्वॉलिफिकेशन मैचों के विजेता

रिपिचेज (Repechage) मैच

जैसा कि ऊपर वर्णित है, दो फाइनलिस्ट के मुकाबले हारनेवाले पहलवान रिपिचेज मैच के लिए तैयार होते हैं।

- फाइनलिस्ट संख्या 5 के मुकाबले हारनेवाले पहलवान इस प्रकार हैं :

— संख्या 6 (प्रथम राउंड लूजर)

— संख्या 7 (दूसरा राउंड लूजर)

— संख्या 3 (तीसरा राउंड लूजर)

— फाइनलिस्ट संख्या 15 के मुकाबले हारनेवाले पहलवान इस प्रकार हैं :

— संख्या 16 (क्वॉलिफिकेशन राउंड लूजर)

— संख्या 17 (प्रथम राउंड लूजर)

— संख्या 19 (दूसरा राउंड लूजर)

— संख्या 12 (तीसरा राउंड लूजर)

रिपिचेज चरण उन पहलवान के साथ संपन्न होता है, जो प्रतियोगिता के

सबसे निचले स्तर पर (लोअर लेवल) फाइनलिस्टों के हाथों हार गए।

- प्रथम मैच : संख्या 6 (प्रथम राउंड लूजर) मुकाबले संख्या 7 (दूसरे राउंड का लूजर)
- दूसरा मैच : प्रथम मैच विजेता (संख्या 6) मुकाबले संख्या 3 (तीसरा राउंड लूजर)
- रिपिचेज ग्रुप में फाइनलिस्ट संख्या 5 के मुकाबले हारे पहलवान 6 विजेता होते हैं।

ठीक इसी तरह फाइनलिस्ट संख्या 15 के मुकाबले हारे पहलवान के साथ यही पद्धति अपनाई जाती है।

प्रथम मैच : संख्या 16 (क्वॉलिफिकेशन राउंड लूजर)
बनाम संख्या 17 (प्रथम राउंड लूजर)

दूसरा मैच : प्रथम मैच का विजेता (संख्या 16) बनाम
संख्या 19 (दूसरा राउंड लूजर)

तीसरा मैच : दूसरे मैच का विजेता (संख्या 16) बनाम
संख्या 12 (तीसरा राउंड लूजर)

- रिपिचेज ग्रुप के विजेता फाइनलिस्ट संख्या 15 के हाथों पराजित हुए पहलवान संख्या 16 होते हैं।
- पिछले दो रिपिचेज मैचों के दो विजेता (संख्या 6 व संख्या 16) कांस्य पदक (प्रत्येक) प्राप्त करते हैं।

फाइनल

एलिमिनेशन राउंडों में दो फाइनलिस्ट, जैसे—संख्या 5 और 15 प्रथम और दूसरे स्थानों के लिए आयोजित मैच में भाग लेते हैं (गोल्ड मेडल)।

क्लासिफिकेशन क्रिटेरिया

प्रत्येक कैटेगरी के पहलवान निम्न तरीके से रैंक के हकदार होंगे—

- दो कांस्य मेडल्स में हार चुके पहलवान अंततः पाँचवें रैंक पर जाते हैं (5th ex एक्यू aeqyo)।
- रैंकिंग प्वॉइंट्स सातवें स्थान से पहलवानों के रैंक के स्थान तय करते हैं।
- अगर रैंकिंग टाई हो जाता है अथवा ऐसे मामले में जब रैंकिंग टाई होता है, तो उनके रैंक का निर्धारण नीचे दिए गए तरीके से एनालिसिस के जरिए

संपन्न होता है।

- यदि पहलवान के स्थान निर्धारित नहीं किए जा सके, तो वे ex aequo रैंक पाएँगे।

1. 'फॉल' (Fall) के आधार पर सर्वाधिक जीत
2. वरीयता के आधार पर सबसे अधिक जीते गए मैच।
3. वरिष्ठता के क्रम में सबसे अधिक समय तक जीत हासिल होती है।
4. सभी प्रतियोगिता में अर्जित किए गए सबसे अधिक टेक्निकल प्वॉइंट्स स्कोर (आधार)।
5. सभी प्रतियोगिता में प्राप्त किए गए सबसे कम टेक्निकल प्वॉइंट्स।

रिपिचेज फेज में भाग लेनेवाले पहलवानों के रैंक भी प्रतियोगिता के दौरान अर्जित किए रैंकिंग प्वॉइंट्स के अनुसार ही तय होते हैं।

नोट : अपने खराब बर्ताव अथवा किसी अन्य कारण से अयोग्य ठहराए गए पहलवानों को एलिमिनेट कर दिया जाता है तथा उन्हें कोई रैंक नहीं दिया जाता।

- रिपिचेज फेज में अच्छा करनेवाले पहलवान को विजय (मुकाबले) का सीधा मौका मिलता है।
- यदि कोई पहलवान चाहे जो भी हालात रहे हों, अगर प्रतियोगिता शुरू होने के समय मैट पर स्वयं की नहीं पाता हो, तो उसके प्रतिद्वंद्वी की जीत की घोषणा कर दी जाती है।

प्रोग्राम

ओलंपिक गेम्स ड्यूरेशन, सीनियर तथा जूनियर वर्ल्ड चैंपियनशिपों का आयोजन निम्नलिखित तरीके से होता है—

- तीन स्टाइल्स (L/F, G/R, L/L) के लिए 6 दिन और तीन मैट्स (फिर भी यह प्राप्त किए गए एंट्रीज की संख्या पर निर्भर करता है)।
- फिला के एग्रीमेंट के आधार पर अथवा फिला की सहमति से सभी प्रतियोगिता श्रेणियों के लिए या तो एक मैट हटाया जा सकता है अथवा अतिरिक्त एक मैट की भी व्यवस्था की जा सकती है।
- नियम व शर्तों के अनुसार, सभी प्रतियोगिता श्रेणियों के लिए मैच तीन घंटों से अधिक समय तक जारी नहीं रखे जा सकते हैं।
- सभी प्रतियोगिता श्रेणियों के लिए, एक वेट कैटेगॉरी में मैच एक दिन से

ज्यादा समय तक नहीं रखे जा सकते हैं, अर्थात् मैच उसी दिन शुरू होकर उसीं दिन समाप्त भी होंगे।

- वेट कैटेगॉरी के लिए सभी स्पर्धा राउंड एक ही मैट पर संपन्न होते हैं तथा एक ही समय में कई मैटों के उपयोग पर निषेध होता है।
- प्रथम, द्वितीय और तीसरे स्थानों के लिए सभी मैच एक मैट पर नियमानुसार संपन्न होते हैं।

❑

6

उम्र और भार वर्ग की प्रतियोगिताएँ

उम्र वर्ग	आयु सीमा
• स्कूल के छात्र	14-15 वर्ष (उम्र का मेडिकल व पैरेंटल प्रमाण-पत्र होना आवश्यक है, तेरहवें साल से ही उपलब्ध कराएँ जाएँ)
• कैडेट्स	16-17 साल (पंद्रहवें साल से ही उम्र का मेडिकल व पैरेंटल प्रमाण-पत्र)
• जूनियर्स	18 से 20 साल (सत्रहवें साल से ही उम्र का मेडिकल व पैरेंटल प्रमाण-पत्र जरूरी)
• सीनियर्स	20 साल तथा 20 साल से ज्यादा

जूनियर उम्र वर्ग के पहलवान अगर चाहें, तो सीनियर्स के साथ मुकाबले में भाग ले सकते हैं, पर इसके लिए उनकी उम्र 18 साल से कम नहीं होनी चाहिए। इस संदर्भ में ऐसे जूनियर पहलवानों को अपनी उम्र का मेडिकल व पैरेंटल प्रमाण-पत्र प्रस्तुत करना चाहिए।

यहाँ यह ध्यान रखना चाहिए कि अगर किसी जूनियर पहलवान की आयु 17 वर्ष है, तो वे किसी भी तरह सीनियर के साथ मुकाबला नहीं कर सकेंगे।

फाइनल रजिस्ट्रेशन के दौरान सभी चैंपियनशिप व प्रतियोगिताओं के लिए उम्र को सत्यापित किया जाता है, 'वे-इन' कैटेगॉरी में प्रतियोगिता शुरू होने से 6 घंटे पहले तक पहलवान की उम्र प्रमाणित होना आवश्यक है।

इसी प्रकार से प्रत्येक डेलीगेशन का हेड निम्न दस्तावेजों व प्रमाण-पत्रों को 'फिला' टेक्निकल डेलिगेट के समक्ष प्रस्तुत करता है—

- चालू सत्र के लिए पहलवान का लाइसेंस (मुहर समेत)।
- पहलवान का व्यक्तिगत पासपोर्ट अथवा आइडेंटिटी कार्ड।
- प्रत्येक उम्मीदवार का ऑनर प्रमाण-पत्र (प्रति पहलवान), जो पहलवान की आयु को प्रमाणित करता नेशनल फेडरेशन के प्रेसिडेंट द्वारा जारी किया जाता है। इस प्रमाण-पत्र को इस अर्थ में भी लिया जा सकता है कि FILA ने इस पर मुहर लगा दी है। वास्तव में नेशनल फेडरेशन के लेटरहेड के जरिए FILA का यह मॉडल स्वरूप है।
- केवल वही पहलवान प्रतियोगिता में भाग ले सकता है, जिसके पासपोर्ट पर उसकी राष्ट्रीयता स्पष्ट होती हो।
- यदि किसी भी क्षण फिला को पहलवान की राष्ट्रीयता पर संदेह उत्पन्न होता हो, अथवा अगर फिला को लगा कि उम्मीदवार ने जाली पासपोर्ट बनवा रखा है, तो वह उसकी जाँच करा सकता है। अगर जाँच में कुछ भी गलत पाया जाता है, तो फिला की अनुशासनात्मक इकाई फेडरेशन, पहलवान तथा उस व्यक्ति के खिलाफ काररवाई करने के लिए अधिकृत है, जिन लोगों ने मिलकर अथवा जिनकी मिलीभगत से यह खिचड़ी पकाई गई हो।
- प्रत्येक पहलवान, जो प्रतियोगिता में भाग लेता है, स्वत: फिला के नियमों व शर्तों को मानने के लिए बाध्य होता है।
- FILA को यह अधिकार रहता है कि वह प्रतियोगिता में भाग लेनेवाले पहलवान की फिल्म अथवा उनकी फोटोग्राफिक इमेज का प्रतियोगिता के दौरान अथवा भविष्य की प्रतियोगिताओं के लिए अथवा प्रतियोगिता के प्रमोशन के लिए उपयोग कर सकें।
- यदि कोई पहलवान फिला की इन शर्तों को मानने से इनकार करता है, तो उसे प्रारंभ में ही सबकुछ स्पष्ट कर देना होता है। इस स्थिति में तब शायद ही उक्त पहलवान को प्रतियोगिता में शामिल किया जा सके।

भार वर्ग

भार वर्ग इस प्रकार हैं—

स्कूल के छात्र

संख्या	किलोग्राम
1.	29–32
2.	35
3.	38
4.	42
5.	47
6.	53
7.	59
8.	66
9.	73
10.	73–85

कैडेट्स

संख्या	किलोग्राम
1.	39–42
2.	46
3.	50
4.	54
5.	58
6.	63
7.	69
8.	76
9.	85
10.	85–100

जूनियर्स

संख्या	किलोग्राम
1.	46–50
2.	55
3.	60
4.	66
5.	74
6.	84
7.	96
8.	96–120

सीनियर्स

संख्या	किलोग्राम
1.	50–55
2.	60
3.	66
4.	74
5.	84
6.	96
7.	96–120

प्रत्येक प्रतियोगी को यह विश्वास दिलाना होता है कि वह अपनी मरजी से, बिना किसी दबाव में आकर प्रतियोगिता में भाग ले रहा है तथा इसके लिए वह स्वयं जिम्मेदार है। इसके बाद उसे केवल एक वेट कैटेगॅरी में मुकाबला करने की अनुमति दी जाती है।

सीनियर उम्र वर्ग कैटेगॅरीज के लिए, प्रतियोगियों के पास यह विकल्प सुरक्षित है कि वे अपने बॉडी वेट से ज्यादा अगले उच्च कैटेगॅरी में जा सकते हैं (अपवादस्वरूप हेवीवेट कैटेगॅरी, जिसके लिए प्रतियोगी पहलवान का बॉडी वेट 96 किलो से ज्यादा होना जरूरी है)।

प्रतियोगिताएँ

विभिन्न उम्र वर्गों के लिए अंतरराष्ट्रीय प्रतियोगिताएँ इस प्रकार हैं—

स्कूली छात्र (14-15 वर्ष)

अंतरराष्ट्रीय प्रतियोगिताएँ (बाइ लेटरल और रिजनल कैडेट्स (16-17 वर्ष)

अंतरराष्ट्रीय प्रतियोगिताएँ (कॉन्टिनेंटल चैंपियनशिप प्रत्येक साल)

जूनियर्स (18-20 वर्ष)

अंतरराष्ट्रीय प्रतियोगिताएँ

कॉन्टिनेंटल चैंपियनशिप प्रत्येक साल

वर्ल्ड चैंपियनशिप प्रत्येक साल

सीनियर्स (20 वर्ष और बाद)

अंतरराष्ट्रीय प्रतियोगिताएँ

कॉन्टिनेंटल चैंपियनशिप प्रत्येक वर्ष

कॉन्टिनेंटल कप प्रत्येक वर्ष

वर्ल्ड चैंपियनशिप प्रत्येक वर्ष (ओलंपिक गेम्स इयर्स से अलग)

वर्ल्ड कप प्रत्येक वर्ष

चैलेंज मैच

मास्टर्स

इंटरनेशनल ग्रैंड प्रिक्स

फिला ग्रैंड प्रिक्स गला

सुपर स्टार मैच

ओलंपिक गेम्स (प्रत्येक चार वर्ष पर)

वेटरंस (35 वर्ष व बाद के)

प्रोग्राम के अनुसार प्रतियोगिताएँ

स्पेसिफिक कैटेगॅरीज और रेगुलेशंस

प्रतियोगी का लाइसेंस

कोई भी पुरुष अथवा स्त्री वर्ग का पहलवान (स्कूल के छात्र, कैडेट, जूनियर, सीनियर) जो ओलंपिक गेम्स, वर्ल्ड चैंपियनशिप, वर्ल्ड कप, कॉन्टिनेंटल चैंपियनशिप, कप्स ऐंड गेम्स, रिजनल गेम्स तथा वर्ल्ड व कॉन्टिनेंटल लीग मैचों के लिए अपनी उम्मीदवारी का दावा करता/करती है, उनके पास इंटरनेशनल

कॉम्पिटीटर का लाइसेंस होना जरूरी है।

किसी भी प्रतियोगी को 'वे-इन' के समय अधिकृत ऑफिसियल डेलिगेट को अपना लाइसेंस प्रस्तुत करने अथवा दिखाने के लिए तैयार रहना चाहिए। ये डेलिगेट प्रतियोगी से लाइसेंस प्राप्त करके फ़िला के प्रतिनिधि को सौंप देते हैं, ताकि फिला इसका वेरीफिकेशन कर सकें। बाद में मैच शुरू होने के दिन फिला प्रतियोगी के लाइसेंस को प्रतियोगी के टीम मैनेजर को लौटा देता है।

यह लाइसेंस तब तक वैध नहीं माना जाएगा, जब तक चालू सत्र के लिए फिला की इस पर मुहर नहीं लग जाती है।

किसी भी प्रतियोगी पहलवान के लिए यह अत्यंत महत्त्वपूर्ण स्थान रखता है। फिला की मुहर लग जाने से यह समझा जाता है कि प्रतियोगी मैच या इवेंट के दौरान अगर जख्मी होता है अथवा दुर्घटनाग्रस्त होता है अथवा प्रतियोगी को प्रतियोगिता के दौरान किसी भी तरह की क्षति (शारीरिक) पहुँचती है, तो वह मेडिकल व हॉस्पिटल खर्चों के लिए बीमाकृत हो जाता है, यानी प्रतियोगी का बीमा माना जाता है। पर यह केवल ओलंपिक गेम्स, वर्ल्ड चैंपियनशिप, कॉन्टिनेंटल चैंपियनशिप, वर्ल्ड कप तथा वर्ल्ड लीग इवेंट्स के लिए ही होता है (वेटरंस को इससे अलग रखा जाता है)।

फिला के द्वारा आयोजित किए जानेवाले सभी प्रकार के सीनियर इंटरनेशनल गेम्स के लिए लाइसेंस व स्टांप का होना अनिवार्य माना जाता है।

❑

7

पहलवान के वस्त्र

सिंगलेट

- प्रतियोगी मैट पर फिला द्वारा अनुमोदित वन पीस सिंगलेट, जो लाल या ब्लू कलर में हो सकता है, जो उनको दिया जाता है, पहन सकते हैं, बल्कि यह कहना ज्यादा ठीक रहेगा कि प्रतियोगी को पहना जरूरी है।
- सिंगलेट पर लाल तथा ब्लू कलर का मिश्रण होना वैध नहीं है।

  इसके साथ ही पहलवान के लिए यह जरूरी है—
- प्रतियोगी अपने देश का एंबलेम अपने सीने पर पहनें।
- देश के नाम का एब्रिविएशन, जिसका अधिकतम साइज 10 से.मी. × 10 से.मी. ही हो, सिंगलेट के बैक पर रहता है अथवा होना चाहिए।
- प्रतियोगी सिर्फ अपने देश का ही एंबलेम अथवा एब्रिविएशन पहन सकता है, किसी अन्य देश का नहीं।

  पहलवान को ऐसा करना मना है—
- हलके नी पैड्स का प्रयोग, जिस पर कोई भी धातु की चीज न हो, की अनुमति है।
- पहलवान संपूर्ण मैच के दौरान अपने पास रूमाल रखता है।

ईअर प्रोटेक्टर्स

वे लोग, जो मैच के दौरान ईअर प्रोटेक्टर्स के इस्तेमाल के इच्छुक हैं, उन्हें यह पहनने के लिए फिला से अनुमति लेनी होगी। इसके साथ ही ऐसे पहलवानों

को इस बात का भी ध्यान रखना होगा कि ईअर प्रोटेक्टर्स पर किसी तरह का कोई मैटल अथवा सख्त चीजें न लगी हों।

- रेफरी उस पहलवान पर कृपा कर सकता है, जिसके बाल कानरक्षक वस्त्र पहनने के लिए ज्यादा लंबे होते हैं।

जूते

- सभी प्रतियोगियों को मुकाबले के दौरान विशेष प्रकार के बने (एंकल्स सपोर्ट) कुश्ती जूते ही पहनने चाहिए।
- हीलवाले जूते, नुकीले या नोक निकले जूते अथवा बकल्स के जूते अथवा लोहे या धातु लगे जूते पहनना मना है।
- जूते बगैर लेस के ही हों। ज्यादा अच्छा रहता है।
- अगर फीतेवाले जूते हों, तो फीतों की ठीक तरह से बाँधकर उन पर टेप चिपका दें, ताकि मैच के दौरान वे बाहर न आ सकें।
- मैट पर उतरने से पहले प्रत्येक प्रतियोगी की यह जिम्मेवारी है कि वह अपने जूतों के प्रति सजग हो, अगर लेसवाले जूते हों तो लेस को अच्छी तरह बाँधने अथवा उस पर टेप चिपकाने की जिम्मेवारी उसी की है। इसके लिए सिवा प्रतियोगी के अन्य कोई जिम्मेवार नहीं होगा। अगर इसके कारण प्रतियोगी का परफॉर्मेंस प्रभावित होता है, तो जिम्मेवार वह स्वयं होगा तथा अन्य किसी पर उँगली नहीं उठा सकता है।

वस्त्र से जुड़े कुछ महत्त्वपूर्ण तथ्य व जानकारियाँ इस प्रकार हैं—

- ओलंपिक गेम्स को छोड़कर, जहाँ आई.ओ.सी. के नियम लागू होते हैं, प्रतियोगी अपनी जाँघ पर अथवा अपने लोअर बैक पर स्पॉन्सर के नाम की प्लेट लगा सकता है।
- सभी प्रतियोगी अपने स्पॉन्सर के नाम की प्लेट बैक पर अथवा अपने रॉब के बाजू पर भी पहन सकता है।
- लेकिन यह ध्यान रखना चाहिए कि कोई भी सिंबल अथवा लेटर, जो अपने स्पॉन्सर को इंगित करता हो, 6 से.मी. से ज्यादा ऊँचा नहीं होना चाहिए।

मना है–

1. कलाइयों पर बैंडेज पहनना।
2. आर्म्स अथवा एंकल्स पर बैंडेज।

नोट : केवल इंजूरी के मामले में अथवा अगर डॉक्टर ने प्रतियोगी को पहनने की इजाजत दी हो, तभी यह ऐसा कर सकता है; पर इसके साथ यह भी ध्यान रखना होगा कि एलास्टिक स्ट्रैप्स से ही बैंडेज को बंद किया गया होना चाहिए।

3. शरीर पर किसी तरह का तेल, मुलायम, चिकना पदार्थ लगाना।
4. मैच आरंभ होने के समय पसीने से तर-ब-तर प्रतियोगी का मैट पर आना।
5. इसी तरह प्रत्येक पीरियड में भी; पीरियड आरंभ होने के मौके पर किसी प्रतियोगी का पसीने से लथपथ होकर मैट पर आना।
6. ऐसी कोई भी वस्तु धारण करना, जो प्रतिद्वंद्वी पहलवान को मैच के दौरान जख्मी कर सके, जैसे रिंग्स, बैसलेट्स आदि का प्रयोग।

- वे-इन में पहलवान को इस बात का ध्यान रखना होगा कि प्रत्येक प्रतियोगी इस वस्तु, जो उनके पास है की आवश्यकता से संतुष्ट होता है।
- वे-इन में पहलवान को इस बात की चेतावनी दी जा सकती है कि उसका अपीयरेंस सही नहीं है।
- पहलवान को चेतावनी के क्रम में उसे प्रतियोगिता में भाग लेने से रोका भी जा सकता है।
- यदि कोई पहलवान नॉन-कॉम्पलिएबल अपीयरेंस के साथ मैट पर आता है, तो अधिकारियों के द्वारा उसे एक मिनट का समय दिया जाता है, ताकि इस दौरान प्रतियोगी पहलवान खुद को कॉम्प्लाय कर सके। यहाँ यह ध्यान रखना चाहिए कि इसके परोक्ष में उनकी नाराजगी छिपी रहती है। अधिकतम समय एक मिनट का दिया जाता है। यदि इस समय तक पहलवान खुद को व्यवस्थित या कॉम्प्लाय नहीं कर सका, तो समय अवधि खत्म होने पर उसे मैच से हाथ धोना पड़ सकता है।

❑

8

जानें मैट और मेडिकल सेवाएँ

- ओलंपिक गेम्स, चैंपियनशिप, कप्स और सभी अंतरराष्ट्रीय प्रतियोगिताओं के लिए फिला अनुमोदित व स्वीकृत नियमों के अनुसार मैट का डॉयमीटर नौ मीटर तथा इसके चारों तरफ 1.50 मीटर (बोर्डर की चौड़ाई) का दायरा होता है।
- ओलंपिक गेम्स तथा वर्ल्ड चैंपियनशिप के लिए पहलवानों की ट्रेनिंग तथा उनके वॉर्म-अप के लिए प्रयोग में लाया जानेवाला मैट भी फिला के द्वारा एप्रूव्ड होता है।
- इस मैट की क्वॉलिटी वही होती है, जो मैच के दौरान के मैट की क्वॉलिटी होती है।
- 9 मीटर डॉयमीटरवाले सर्किल के अंदर एक मीटर चौड़ी रेड बैंड की परिधि खींची जाती है। यह कुश्ती क्षेत्र का महत्त्वपूर्ण हिस्सा होता है।
- कांटेमिनेशन को रोकने अथवा उससे बचने के लिए प्रत्येक कुश्ती सत्र से पहले मैट को अच्छी तरह साफ किया जाता है तथा उसे कीटाणुरहित रखा जाता है और जब मैट्स सब तरह से स्मूथ, यूनिफॉर्म और नॉक अब्रैसिव सतह का हो, तब ही उनका प्रयोग किया जाता है।
- 9 मीटर ड़ॉयमीटरवाले मैट के अंदर, मैट के मध्य स्थल पर एक सर्किल खींचा जाता है, जिसका डॉयमीटर एक मीटर का होता है तथा उसका घेरा (बैंड) सौ से.मी. चौड़ा होता है।
- कुश्ती क्षेत्र को लाल रंग से चिह्नित किया जाता है।

- मैट के अपोजिट कॉर्नर्स पहलवान के कलर्स से चिह्नित किए जाते हैं। जैसे लाल व ब्लू।
- मैट को इस तरह लगाया जाता है, ताकि यह चौड़ा तथा खुला लग सके।

मेडिकल

- नियम व शर्तों के अनुसार प्रत्येक पहलवान को चैंपियनशिप, कप्स तथा गेम्स में भाग लेने के लिए अपने देश से रवाना होने से तीन दिन पूर्व उसे अपने देश में मेडिकल परीक्षण से गुजरना होता है।
- प्रतियोगिता का आयोजक मेडिकल सेवाएँ प्रदान करने के लिए जिम्मेवार होता है।
- वे-इन इवेंट्स में प्रतियोगी को बाउट के दौरान आवश्यकता महसूस होने पर मेडिकल सुविधाएँ दी जा सकती हैं।
- ये मेडिकल सेवाएँ फिला की देखरेख में ही संपन्न होती हैं।
- इसकी कमान फिला डॉक्टर-इन-चार्ज के हाथ में होती है।
- वे-इन में प्रतियोगिता से पहले डॉक्टर, एथलीट के स्वास्थ्य की जाँच करते हैं तथा उनकी बीमारियों का पता लगाते हैं। यदि कोई प्रतियोगी कमजोर स्वास्थ्य का पाया जाता है अथवा ऐसा लगे कि प्रतियोगी की मौजूदा स्थिति न केवल उसके लिए खतरनाक है, बल्कि प्रतिद्वंद्वी के लिए भी खतरा उत्पन्न कर सकता है, तो ऐसी स्थिति में प्रतियोगी को प्रतियोगिता में उतरने से रोका जा सकता है अथवा उसे इवेंट्स से बाहर किया जा सकता है।
- पूरे प्रतियोगिता सत्र के दौरान मेडिकल सेवाएँ हर समय, हर पल पहलवान की सहायता करने के लिए तत्पर रहती हैं।
- आकस्मिक दुर्घटना होने, चोट लगने आदि मामलों में मेडिकल सर्विस तुरंत एक्शन में आ जाती है।
- मेडिकल सर्विस इस बात का भी निर्धारण करते हैं कि कोई पहलवान जख्मी होने के बावजूद मैच को जारी रख सकता है अथवा नहीं। अथवा क्या वह इस स्थिति में है कि वह मैच को जारी रख सकता है।
- पार्टिसिपेटिंग टीम से डॉक्टर अपने चोटिल पहलवानों की देखरेख करने के लिए पूरी तरह अधिकृत होते हैं।
- लेकिन जब किसी पहलवान का ट्रीटमेंट डॉक्टर की देखरेख में चल रहा

हो, तो वहाँ उक्त पहलवान का कोच अथवा टीम ऑफिसर भी रह सकता है, जो ट्रीटमेंट अथवा अपने पहलवान के स्वास्थ्य की जानकारी प्राप्त करता है। एक तरह से यह कहा जा सकता है कि ये अभिभावक की भूमिका निभाते हैं और अभिभावक हैं भी, इसमें क्या शंका है।

- जब मैट चेयरमैन को ऐसा लगे अथवा महसूस हो कि मैट में प्रतियोगी सुरक्षित नहीं हैं अथवा वह किसी तरह का कोई खतरा महसूस करता है, तो वह उसकी सूचना फिला डॉक्टर-इन-चार्ज को देता है, जिसके बाद फिला डॉक्टर-इन-चार्ज को यह अधिकार रहता है कि वह किसी भी समय बाउट को रोक सके। उसके निर्देश पर ही मैट चेयरमैन बाउट को कैंसिल करने अथवा उसे रोकने की घोषणा करता है।
- फिला डॉक्टर-इन-चार्ज को ऐसा लगे कि मैट पर प्रतियोगियों में से कोई एक बाउट जारी रखने में असमर्थ है, अनफिट है, तो वह तुरंत ही इस बात की सूचना देकर बाउट रोकने का आदेश दे सकता है।
- पहलवान का तब तक मैट नहीं छोड़ना चाहिए, जब तक कि कोई ऐसी गंभीर स्थिति उत्पन्न न हो जाए, ताकि उसके साथ-साथ दूसरों को भी लगे कि पहलवान को फौरन मैट से चले जाना चाहिए।
- ऐसे किसी इवेंट में, जब पहलवान दुर्घटनाग्रस्त हो जाता है, तो रेफरी तुरंत ही डॉक्टर से परामर्श करता है और उससे यह जानने की कोशिश करता है कि क्या मैच को रोक देना उचित रहेगा? यदि डॉक्टर यह इशारा करता है कि स्टॉपेज इंटेंशल है, तो रेफरी, जज अथवा मैट के चेयरमैन से एक सेक्शन इंपोज करने के लिए कहेगा।
- यदि कोई पहलवान गंभीर रूप से जख्मी हो जाता है अथवा उसके शरीर से खून निकल रहा है, तो डॉक्टर पर्याप्त समय लेकर घायल पहलवान का इलाज करेगा तथा वही इस बात का निर्धारण करेगा कि पहलवान मैच को आगे भी जारी रख सकता है अथवा नहीं। इस पूरी प्रक्रिया में कोई समय सीमा निर्धारित नहीं है।
- किसी भी मेडिकल विवाद के मामले में पहलवान की टीम के डॉक्टर को यह अधिकार सुरक्षित रहता है कि वह अपने पहलवान के ट्रीटमेंट के बारे में सवाल-जवाब तलब कर सके अथवा वह ट्रीटमेंट के बारे में मेडिकल सर्विस को अपनी राय दे सकता है।
- केवल फिला मेडिकल कमीशन ही अधिकारियों को प्रॉपोज कर सकता है

कि बाउट को रोका जाए अथवा नहीं इस संदर्भ में उसका निर्णय अंतिम होता है।

- जिन प्रतियोगिताओं में, जहाँ कोई ऑफिसियल डॉक्टर नहीं होता, रेफरी के पास अधिकार रहता है कि वह किसी एक मैच में अधिक-से-अधिक दो मिनट के लिए बाउट को स्थगित कर सकता है।
- अधिकारी इस बात का फैसला करते हैं कि क्या पहलवान ने जानबूझकर तो ऐसा नहीं किया ? या कि पहलवान से अनजाने में हुआ था/है ?
- मैच रोकने की अनुमति एक बार अथवा एक से ज्यादा बार दी जा सकती है और यह दोनों पहलवानों के लिए मान्य होगा।
- प्रत्येक तीस सेकेंड के इंटरवल की घोषणा की जा सकती है।
- मैच का रेफरी दो मिनट शेष रहने पर, दस सेकेंड्स पहले दोनों पहलवानों को मैट के सेंटर पर बुलाएगा।
- अंतरराष्ट्रीय प्रतियोगिताओं में, जहाँ फिला मेडिकल कमीशन की उपस्थिति नहीं होती है, तब बाउट में हस्तक्षेप करने का फैसला फिला प्रतिनिधिमंडल अथवा फिला के द्वारा नामांकित (स्वीकृत) रेफरी कर सकता है।
- रेफरी प्रतियोगिता के डॉक्टर तथा घायल पहलवान की टीम के डॉक्टर से सलाह-मशविरा करके उसमें दखलंदाजी करता है अथवा कह सकता है कि बाउट के बारे में फैसला सुनाता है।
- सभी मामलों में डॉक्टर की भूमिका महत्त्वपूर्ण होती है। पहलवान को जख्मी अवस्था में क्या बाउट जारी रखना चाहिए अथवा नहीं, इस संदर्भ में डॉक्टर का फैसला ही महत्त्वपूर्ण होता है।
- भार या वजन वर्ग की प्रतियोगिताओं में अथवा वजन वर्ग से जुड़े मामलों में डॉक्टर हस्तक्षेप नहीं करता है।
- यदि कोई पहलवान बगैर किसी दुर्घटना के अथवा बगैर जख्मी हुए अथवा पहलवान का जख्म इतना बड़ा नहीं होता कि वह बाउट को जारी रखने के लिए असमर्थ होता है, पर अगर वह योजनाबद्ध तरीके से, जानबूझकर ऐसा करता है, ताकि बाउट को रोका जा सके, यह पता चलने पर वह स्वतः एक प्वॉइंट अपने प्रतिद्वंद्वी को दे देगा अर्थात् ऐसी स्थिति में प्रतिद्वंद्वी पहलवान को एक प्वॉइंट का लाभ मिल जाता है। यह अतिरिक्त एक प्वॉइंट प्रतिद्वंद्वी पहलवान के खाते में जुड़ जाता है।

❑

9

डोपिंग

डोपिंग के मामले में फिला के संविधान, नीति-निर्देश, नियम व शर्तें इस प्रकार हैं—

- ड्रग्स का सेवन मना है।
- किसी पहलवान पर संदेह होने अथवा पहलवान की गतिविधियों से पता चलने पर फिला के पास यह अधिकार सुरक्षित है कि वह संदिग्ध पहलवान को मेडिकल परीक्षण अथवा टेस्ट का सामना करने का आदेश दे सके।
- ये प्रोविजन कांटिनेंटल तथा वर्ल्ड चैंपियनशिप में फिला के नियम व शर्तों के अनुसार लागू होते हैं, जबकि ओलंपिक तथा कांटिनेंटल गेम्स में IOC के नियमों के अनुसार ही प्रक्रिया से गुजरना होता है।
- किसी भी मामले में कोई भी प्रतियोगी अथवा अधिकारी इस वेरीफिकेशन (प्रोसेस) का विरोध नहीं कर सकता है।
- फिला मेडिकल कमीशन परीक्षण की अवधि, समय, कितनी बार परीक्षण की जरूरत है, परीक्षण में और क्या-क्या चाहिए, आदि बातों के बारे में फैसला करती है। इस पर कोई टिप्पणी नहीं कर सकता है। कहने का सारांश यह है कि फिला मेडिकल कमीशन के फैसले का आदर सबको करना होता है।
- फिला के द्वारा अधिकृत व प्रमाणित डॉक्टर ही पहलवान का सैंपल पहलवान की तरफ से नियुक्त अधिकारी की उपस्थिति में एकत्र करता है, उसके उपरांत सैंपल का परीक्षण होता है।

- यदि उपरोक्त तरीके से सैंपल नहीं लिया गया हो, तो प्राप्त परिणाम का कोई महत्त्व नहीं रह जाता है।
- एंटी-डोपिंग कंट्रोल्स का गठन, उसका रख-रखाव, फाइनेंसियल इंप्लिकेशंस आदि का वहन मेजबान देश तथा नेशनल फेडरेशन मिलकर करते हैं।
- फिला, जो ड्रग के खिलाफ एक मुहिम, एक परिपाटी का विषय है, आई.ओ.सी. तथा वर्ल्ड एंटी डोपिंग एजेंसी (वाडा WADA) ने उस पर मुहर लगाई हुई है। अतः सभी तरह के प्रावधान, नियम, शर्तें, प्रोसीजर्स आदि फिला के तहत ही संपन्न होते हैं।
- पहलवान के खिलाफ कारवाई के लिए फिला ब्यूरो द्वारा निर्मित या गठित अपील बॉडी C.A.S. (कोर्ट ऑफ अर्विट्रेशन फॉर स्पोर्ट) लाउसेन, स्विट्जरलैंड में है।
- सी.ए.एस. ही डोपिंग से जुड़े मामलों का फैसला करती है।
- यदि प्रथम अथवा दूसरे रैंक का कोई पहलवान (जैसे पहलवान ने स्वर्ण अथवा रजत पदक जीता हो), डोपिंग में पकड़े जाने के बाद अयोग्य ठहराया जाता है, तो ऐसी स्थिति में कांस्य पदक विजेता पहलवान, को रैंकिंग का लाभ मिल जाता है।
- एलिमिनेशन में बाहर हो चुके पहलवान तथा इसी वर्ग में आनेवाले 3-4 फाइनल लूजर को कांस्य पदक दिया जाएगा। इसी तरह से, इसी क्रम से शेष रैंकिंग के लिए पहलवानों को लाभ मिलता है।

❑

10

कुश्ती अधिकारियों के कर्तव्य व अधिकार

कुश्ती की सभी प्रतियोगिताओं में, प्रत्येक बाउट के लिए निम्न अधिकारी नियुक्त किए जाते हैं—

1. मैट चेयरमैन
2. रेफरी
3. जज।

- मैट चेयरमैन की संख्या एक होती है।
- रेफरी भी एक होता है।
- जज की संख्या भी एक से ज्यादा नहीं होती है।

नोट : ये तीनों अधिकारी इंटरनेशनल जज तथा रेफरी के लिए बनाए गए नीति-निर्देशों तथा नियमों की परीक्षा में सफल होते हैं तथा योग्य व अनुभवी अधिकारियों को ही वरीयता दी जाती है।

- बाउट के दौरान किसी भी अधिकारी का रिप्लेसमेंट नहीं होगा। हाँ, यदि किसी अधिकारी की अचानक तबीयत खराब हो जाए अथवा वह गंभीर रूप से बीमार हो जाए तथा चिकित्सकीय रूप से इसकी पुष्टि हो जाए कि अधिकारी अपने कर्तव्यों का पालन करने में असमर्थ रहेगा, तब यह संभव है। अन्यथा बाउट के दौरान रिप्लेसमेंट पर सख्त पाबंदी होती है।
- किसी भी एक देश के दो अधिकारी नहीं हो सकते।

- ऐसे किसी बाउट में अधिकारी को संलग्न नहीं किया जा सकता, जहाँ पहलवान भी उसी के देश के हों, इसके पीछे फिला का संभवत: यही तर्क व आशंका छिपी रह सकती है कि ऐसे में अधिकारी अपने कर्तव्यों का ठीक तरह से पालन नहीं कर सकेगा तथा अपने अधिकारों का दुरुपयोग अपने देश के पहलवानों के पक्ष में कर सकता है। यही कारण है कि ये नियम लागू किए जाते हैं, ताकि पहलवान व खेल भावना का समुचित आदर किया जा सके।
- सभी अधिकारियों को कुश्ती प्रतियोगिताओं में बनाए गए नियम व निर्देशों के अनुसार ही कार्य करने होते हैं। अगर कोई खास प्रतियोगिता हो, तो स्थापित किए गए खास प्रोविजन के अनुसार ही कार्य करने होते हैं।
- अधिकारियों को पारदर्शी, निष्पक्ष व ईमानदार होना चाहिए।
- अधिकारियों का यह दायित्व है कि वे प्रत्येक बाउट को तत्परतापूर्वक व सजगता से अंजाम देते हुए पहलवानों के एक्शन पर अपना सटीक विवरण पेशकर सकें अथवा पहलवानों के एक्शन का बिना किसी पक्षपात के मूल्यांकन कर सकें, ताकि जज के स्कोर शीट पर दिखाए गए रिजल्ट्स उक्त बाउट के स्पेसिफिक नेचर की ठीक तरह से, भली-भाँतिपूर्वक प्रतिबिंबित कर सके।
- किसी भी अंतिम निष्कर्ष पर पहुँचने से पूर्व मैट चेयरमैन, रेफरी और जज व्यक्तिगत रूप से परिणाम पर विचार-विमर्श करते हैं, उसके बाद ही परिणाम की घोषणा की जाती है।
- रेफरी और जज मैट चेयरमैन के निर्देशन में काम करते हैं।
- मैट चेयरमैन आधिकारिक कार्यों का को-ऑर्डिनेटर होता है।
- ऑफिशियल्स की यह ड्यूटी होती है कि वे रेफरी तथा जज की सभी गतिविधियों, उनके एक्शन अथवा फार्म निष्पादन के अनुसार ही किसी पहलवान को अवॉर्ड प्वॉइंट्स दे तथा रेफरी तथा जज की रिपोर्ट के आधार पर ही नियमों के अनुसार किसी पहलवान को दंडित करे। इस पूरे प्रकरण में रेफरी व जज की भूमिका काफी महत्त्वपूर्ण हो जाती है। अधिकारी इन दोनों की रिपोर्ट व सिफारिश के आधार पर ही आगे की कार्यवाही करते हैं।
- बाउट में उतरे दोनों प्रतिद्वंद्वियों के परफॉर्मेंस की जज तथा मेट चेयरमैन की स्कोर-शीट्स से टैली की जाती है। इसके बाद प्रतिद्वंद्वियों के प्वॉइंट्स,

कॉमंस बाउट के विभिन्न चरणों के उनके परफॉर्मेंस को देखते हुए दर्ज कराए जाते हैं। इनमें जरा सी चूक नहीं होती।

- इन स्कोर-शीट्स पर क्रमशः जज तथा मैट चेयरमैन के हस्ताक्षर होते हैं।
- यदि कोई बाउट Fall में समाप्त नहीं होता अर्थात् किसी एक बाउट का समापन बगैर 'फॉल' के ही होता है, तो मैट चेयरमैन का निर्णय ही अंतिम व महत्त्वपूर्ण होता है।
- इसके लिए मैट चेयरमैन, जज तथा मैट चेयरमैन के द्वारा तैयार की गई स्कोर-शीट्स, जिसमें प्रत्येक प्रतिस्पर्द्धी पहलवान के शुरू से लेकर आखिर तक के बाउट के परफॉर्मेंस दर्ज हुए रहते हैं, उनका बारीकी से मूल्यांकन करता है। तत्पश्चात् निर्णय की घोषणा करता है।
- जज के द्वारा दिए गए सभी प्वॉइंट्स की घोषणा शीघ्र की जाती है। प्रायः प्वॉइंट्स की घोषणा इलेक्ट्रिक स्कोर बोर्ड के द्वारा की जाती है।
- अधिकारियों से यह अपेक्षा की जाती है कि वे फिला के बुनियादी सिद्धांतों के अनुसार ही आचरण करें तथा बाउट के दौरान अपनी जिम्मेदारी का कुशलतापूर्वक निर्वाह करें। बाउट के दौरान किसी से भी बात करना मना है। अर्थात् इस पर सख्त पाबंदी है। केवल विशेष परिस्थितियों में ही वे ऐसा कर सकते हैं, जब उन्हें परामर्श की जरूरत होती है।

रेफरी की भूमिका

- मैट पर बाउट के कुशलतापूर्वक संचालन की रेफरी की बहुत बड़ी जिम्मेवारी होती है। रेफरी प्रत्येक बाउट को क्रम से तथा नियमों के अनुसार ही संचालित करता है।
- रेफरी प्रतिस्पर्द्धियों को नियम व निर्देशों का पालन करने हेतु उन पर दबाव बना सकता है, पहलवानों को चेतावनी या आदेश दे सकता है, यानी एक रेफरी को पूरा अधिकार है कि वह पहलवानों से अपने आदेशों तथा निर्देशों का पालन कराए।
- रेफरी बाउट के संचालन के दौरान किसी तरह की अनियमितता अथवा बाहरी हस्तक्षेप को बरदाश्त नहीं करता है, न ही वह अनुशासन में खलल डालना बरदाश्त कर सकता है।
- रेफरी बाउट के दौरान एकदम चुस्त व चौकस रहता है। वह बाउट का सूक्ष्मता से पर्यवेक्षण करता है तथा जज के काफी करीब होता है, यानी

उसकी कार्यपद्धति जज के साथ को-ऑपरेशन से शुरू होती है।

- अगर रेफरी के कार्य व अधिकार के दौरान किसी तरह की कोई बाहरी बाधा पहुँचाने की कोशिश की जाती है, तो ऐसी स्थिति में रेफरी की सीटी गूँजने लगती है, उसका एक संकेत यह भी होता है कि बाउट का समापन होता है।
- रेफरी बाउट को कुछ क्षण के लिए टाल सकता है तो उस बाउट को जारी रखने के लिए भी कह सकता है। वह मैट छोड़ चुके पहलवानों को वापस मैट पर आने का आदेश देता है अथवा बाउट को स्टैंडिंग या 'Par terre' पोजीशन में जारी रखने को कह सकता है, लेकिन इसके लिए जज का

अनुमोदन आवश्यक है, पर अगर उस समय जज उपलब्ध नहीं है, अथवा किसी कारण से जज का अनुमोदन नहीं मिलता है, तो मैट चेयरमैन के अनुमोदन से ऐसा कर सकता है।

- रेफरी अपने बाएँ बाजू पर लाल रंग का एक रिस्टबैंड पहना होता है और दाएँ बाजू पर नीले रंग का रिस्टबैंड लगाया होता है।
- रेफरी बाउट में पहलवानों के परफॉर्मेंस के बाद उनके द्वारा स्थापित मूल्यों के समतुल्य प्वॉइंट्स का इशारा अपनी उँगलियों के द्वारा करता है अर्थात् पहलवानों का परफॉर्मेंस कैसा रहा है, इसको देखते हुए रेफरी अपनी उँगलियों के इशारे से प्वॉइंट्स बताता है कि किस पहलवान को कितने प्वॉइंट्स मिले।
- यदि पहलवान (ब्लू स्कोर में है), तो उसके प्वॉइंट्स का संकेत रेफरी अपना दाहिना बाजू उठाकर करता है।
- यदि पहलवान (रेड स्कोरर है), तो उसके प्वॉइंट्स का संकेत रेफरी अपनी बाईं भुजा उठाकर करता है।
- इससे यह भी समझा जाता है कि यह कितना वैलिड है, क्या यह मैट के दायरे के अंतर्गत परफॉर्म किया गया है और क्या एक पहलवान ने खतरनाक पोजीशन में कार्य निष्पादन किया था, आदि बातें इसमें छिपी रहती हैं।

रेफरी ऐसा करने में कतई संकोच नहीं करेगा—

- ठीक समय पर, जैसे ही उसे लगता है कि बाउट में कुछ गलत हो रहा है, वह बिना एक पल गँवाए इसमें हस्तक्षेप कर सकता है।
- इसमें वह किसी का इंतजार नहीं कर सकता है। एक शब्द में यह कहें, तो ज्यादा अच्छा रहेगा कि Neither too soon nor too late के सिद्धांत पर कार्य करता है।
- इशारा करता है कि मैट के छोर से परफॉर्म किया गया होल्ड वैध है।
- पाँच सेकेंड्स काउंट करता है, जब पहलवान ब्रिज पोजीशन में रहता है और इस स्थिति में रहने के कारण पहलवान को अतिरिक्त प्वॉइंट देता है।
- जज की सहमति पाने के बाद वह TOUCHE का इशारा व घोषणा करता है (फॉल)।
- अगर जज की सहमति प्राप्त नहीं हुई अथवा मौके पर जज उपलब्ध न हो, तो मैट चेयरमैन का अनुमोदन प्राप्त करके वह ऐसा कर सकता है।
- यह निश्चित कर लेने के बाद कि पहलवान वास्तव में अपने दोनों कंधों से मैट को 'पिन' किया हुआ है अथवा मैट से 'पिन' हुआ है, तो उसी समय

रेफरी अपने मुँह से 'टच' (Fall) शब्द की घोषणा करता है, जज अथवा मैट चेयरमैन की सहमति पाने के लिए अपना हाथ उठाता है, अपने हाथ से मैट को स्ट्राइक करता है और फिर सीटी बजाता है।

- पहलवानों को जल्दी से पोजीशन लेने का आदेश देता है, जिसमें कुश्ती शुरू किया जाना हो।
- जब रेफरी पहलवानों को मैट के सेंटर पर भेजता है, तो ऐसे में पहलवानों के पाँव सेंट्रल सर्किल में होने आवश्यक होते हैं।
- रेफरी पहलवानों के इतने करीब खड़ा नहीं होता कि इससे जज तथा मैट चेयरमैन के व्यू में बाधा आ सके। खासकर उस समय जब फॉल (Fall) होता है, ताकि जज व मैट चेयर खुद अपनी आँखों से देख सकें, इसलिए रेफरी थोड़े फासले पर ही खड़ा रहता है।
- रेफरी को यह निश्चित करना होता है कि पहलवान बाउट के दौरान किसी- न-किसी बहाने से आराम का मौका तो नहीं देख रहा है, जैसे बाउट के दौरान पहलवान अपने शरीर का पसीना पोंछता है या नाक साफ करता है या ऐसा दिखावा करता है कि वह जख्मी हो गया है, यह निर्धारित करने के बाद कि पहलवान जानबूझ- कर ऐसा करता है तथा उसका लक्ष्य आराम का है, तो ऐसी स्थिति में रेफरी बाउट को रोक सकता है और पहलवान के जिसने बाउट के दौरान ऐसा किया है, फॉल्ट पर उसे कॉशन (Caution)-O कहता है तथा इसके परिणामस्वरूप प्रतिद्वंद्वी पहलवान को एक प्वॉइंट का लाभ मिलता है।
- रेफरी बड़ी फुरती से अपनी पोजीशन बदलता है। पलक झपकते ही वह पोजीशन बदलने में समर्थ होता है। मैट पर हो या इसके गिर्द, ऐसी विशेष स्थिति में जब शीघ्र ही फॉल फ्लैट (तो अपने पेट के ऊपर मुद्रा बनाकर, ताकि इमीनेंट फॉल का बेटर व्यू प्राप्त कर सके) होता हो।
- बाउट को इंटरप्ट किए बगैर पैसिव पहलवान को स्टिमूलेट करने में समर्थ होता है। इसके लिए मैट छोड़ने से पहलवान को बचाने के लिए खड़ा हो जाता है या इसी तरह का कोई रास्ता तय करता है।
- यदि पहलवान मैट के छोर पर बहुत करीब आ जाएँ तो रेफरी सीटी बजाने के लिए तैयार रहता है।
- रेफरी ग्रीको-रोमन कुश्ती में पहलवान की टाँगों (के एक्शन पर) पर खासा ध्यान देता है।

- पहलवानों को तब तक मैट पर रहने के लिए कह सकता है, जब तक कि बाउट के परिणाम की घोषणा नहीं कर दी जाती है।
- ऐसे सभी मामलों में जहाँ सहमति आवश्यक होता है, रेफरी मैट के चेयरमैन से मुखातिब होते हुए मैट के छोर पर सर्वप्रथम जज की ओपिनियन पूछता है।
- मैट चेयरमैन की सहमति प्राप्त होने के बाद विजेता की घोषणा करता है।
- यदि कोई पहलवान स्थापित नियमों का उल्लंघन करता है, तो रेफरी पहलवान को दंडित करने का अनुरोध कर सकता है।
- रेफरी, यदि मैट चेयरमैन हस्तक्षेप करता है, उस बाउट को इंटरप्ट कर सकता है, जिसमें पहलवानों के प्राप्त स्कोर में 6 प्वॉइंट्स का अंतर हो और विजेता की घोषणा तकनीकी रूप से वरिष्ठता के क्रम में करता है। ऐसी स्थिति में रेफरी अंजाम देने के लिए पहलवानों की तरफ से एक्शन (या तो अटैक अथवा काउंटर अटैक) का इंतजार करता है।
- मैच को रोकने के पश्चात् रेफरी विजेता पहलवान से यह पूछता है कि क्या वह मैच को समाप्ति तक ले जाना चाहेगा अर्थात क्या वह मैच कंप्लीट करना चाहेगा?
- पाँच प्वॉइंट्स अर्जित करने के बाद विजेता पहलवान से भी रेफरी यह पूछता है कि क्या वह ऐसी स्थिति में है कि मैच को आगे भी जारी रख सकता है, यहाँ ऐसी स्थिति में रेफरी विजेता पहलवान को यह बताना अथवा याद कराना नहीं भूलता कि ऐसी स्थिति में काउंटर अटैक की इजाजत नहीं दी जा सकती है। अर्थात् ऐसी स्थिति में काउंटर अटैक संभव नहीं होगा।
- इस तरह पूरे मैच में रेफरी का दायित्व व उसकी जिम्मेदारियाँ बढ़ जाती हैं। रेफरी अपने अधिकारों का प्रयोग करने में जरा भी हिचकिचाता नहीं है, न ही वह इसमें समय लगाता है, किसी का इंतजार भी नहीं करता। वह पूरी चौकसी व मुस्तैदी के साथ अपनी ड्यूटी का निर्वाह करता है।

जज के अधिकार व कर्तव्य

- कुश्ती के सामान्य नियमों व शर्तों को व्यवस्थित तरीके से संचालित करने की जज पर बहुत बड़ी जिम्मेदारी होती है।

- जज बाउट के कोर्स को अत्यंत सूक्ष्मतापूर्वक फॉलो करता है। इस दौरान वह किसी भी तरह से स्वयं को डिस्टर्ब नहीं रखता तथा उसका सारा ध्यान बाउट पर टिका होता है।
- जज पहलवानों के प्रत्येक एक्शन के लिए प्वॉइंट्स निर्धारित करता है, वह प्वॉइंट्स को अपनी स्कोर-शीट में दर्ज करता है। इसमें रेफरी व मैट चेयरमैन की सहमति आवश्यक होती है।
- जज सभी स्थितियों में अपनी राय दे सकता है।
- जज रेफरी के संकेतों के आधार पर प्रत्येक एक्शन के लिए अपने आकलन की उससे तुलना करता है (अर्थात् जज यह देखता है कि रेफरी ने बाउट के दौरान जैसा सिगनल दिया है अथवा जो रेफरी की सांकेतिक क्रियाओं के एचीवमेंट्स हैं, क्या वे स्वयं उसके द्वारा आंकलित प्राप्तियों से साम्य रखते हैं, यानी उसके अनुरूप तो हैं?)। इसमें असफल होने पर वह मैट चेयरमैन के संकेतों के आधार पर पहलवानों के एक्शन के लिए उनके प्वॉइंट्स दर्ज करता है। जज की कुरसी के बगल में ही स्कोर बोर्ड लगा होता है, किस पहलवान ने बाउट में कितने प्वॉइंट्स अर्जित किए हैं, स्कोर बोर्ड पर देखकर पता किया जा सकता है। यह स्कोर बोर्ड पहलवान और स्पेकटेटर्स दोनों के लिए होता है, यानी स्कोर बोर्ड में देखकर पहलवान अपने प्रदर्शन का आकलन कर सकता है।
- जज रेफरी को फॉल (टच) का इशारा करता है। जज के अनुमोदन के बाद रेफरी Touche का इशारा व घोषणा करता है।
- यदि बाउट के दौरान जज को ऐसा महसूस होता है कि कुछ चीजें रेफरी की नजर में लाई जानी चाहिए, जैसे कि उसने (जज ने) उस क्षण पर ज्यादा ध्यान न दिया हो अथवा उसको ठीक से देख न सका हो (मान लें कि वह 'फॉल', अवैध होल्ड, पैसिव पोजीशन आदि के घटनाक्रम हों), तो ऐसी स्थिति में जज पहलवान की सिंग्लेट से मिलते-जुलते रंग की बैट उठाकर अपना संकेत दे सकता है, इसके बावजूद कि रेफरी ने इसमें जज की राय नहीं ली थी।

सभी स्थितियों में जज को यह पूरा अधिकार है कि वह कुछ भी असामान्य महसूस करने पर रेफरी से जवाब तलब कर सकता है। जज बाउट में किसी तरह की अनियमितता, गैर-अनुशासन बरदाश्त नहीं कर सकता है। उसे यह सुनिश्चित करना होता है कि बाउट में सभी नियमों का पूरी तरह

ध्यान रखा जा रहा है।

- जज स्कोर शीट प्राप्त करने के बाद उस पर अपना हस्ताक्षर करता है और बाउट की समाप्ति पर साफ-साफ स्पष्ट तरीके से रिजल्ट की घोषणा करता है, इसे इलेक्ट्रिक स्कोर बोर्ड पर भी देखा जा सकता है। स्कोर-शीट (रिजल्ट) पर हारनेवाले पहलवान के नाम का क्रॉसिंग आउट करता है और विजेता के नाम का उल्लेख करता है।
- यदि जज और रेफरी सहमत हों, तो परिणाम की घोषणा में मैट चेयरमैन की राय की कोई अहमियत नहीं रह जाती है अथवा इसकी जरूरत महसूस नहीं की जाती है। हाँ, जहाँ तक ऐसे मामले में जब तकनीकी (वरीयता) आधार पर विजेता की घोषणा करनी हो, तो मैट चेयरमैन की राय लिये बगैर परिणाम की घोषणा नहीं की जा सकती है। इस मामले में मैट चेयरमैन की राय महत्त्वपूर्ण हो जाती है।
- ऐसे सभी मामलों में जहाँ फॉल, तकनीकी वरीयता, विदड्रॉल आदि में (आधार पर) विजेता की घोषणा की जानी हो, जज की स्कोर-शीट पर दर्ज समय (बाउट की समाप्ति का ठीक-ठीक समय) का महत्त्व बढ़ जाता है अर्थात् इसको इस प्रकार समझा जा सकता है कि जो बाउट फॉल, टेक्निकल सुपरियोरिटी, विद्ड्रॉवल आदि से जुड़े मामलों के साथ समाप्त होता है, तो जज अपनी स्कोर शीट में उस समय का सही-सही उल्लेख करता है। इसी के आधार पर विजेता का निर्णय किया ज़ाता है या विजेता का फैसला करने में इसका महत्त्वपूर्ण योगदान रहता है।
- बाउट का पर्यवेक्षण करने में, खासकर डेलिकेट पोजीशन में जज को सुगमता प्राप्त हो सके, इसके लिए वह पोजीशन चेंज करने का अधिकार रखता है, लेकिन केवल मैट के एज के साथ, जिसको उसने नियंत्रित किया हो।
- गटरेंच को जीने अथवा उसको प्रभावशाली बनानेवाले पहलवान के प्राप्त किए गए प्वॉइंट्स को जज अंडरलाइन करके (इस प्रकार सांकेतिक तरीके से) बता सकता है।
- बाउट में किसी भी पहलवान का फॉल्ट पकड़े जाने पर जैसे कि वह मैट से छेड़छाड़ करता है, अवैध होल्ड अथवा घातक रूप से परफॉर्म कर रहा है अथवा किया हो, इन सबको पहलवान के कॉलम में 'O' संकेत (कोड) से दर्ज किया जाता है। इसमें जज की भूमिका महत्त्वपूर्ण होती है।

- अगर पहलवान ने आखिरी में 'क्लिंच' किया है, तो जज उसके कॉलम में 'K' का संकेत करता है। जब भी क्लिंच स्थिति होती है, जज ऐसा ही संकेत करता है और जिस पहलवान ने क्लिंच किया होता है, उसी के खाने में 'K' दर्ज करवा देता है तथा प्वॉइंट्स की संख्या को सर्किल करता है।

मैट चेयरमैन के कार्य व प्रभाव

- मैट चेयरमैन के कार्य अत्यंत महत्त्वपूर्ण होते हैं। वह कुश्ती के नियमों के अनुसार अपना कार्य संपादित करता है।
- मैट चेयरमैन रेफरी तथा जज के कार्यों का को-ऑर्डीनेटर होता है।
- जब गेम 0-0 पर समाप्त होता है, तो मैट चेयरमैन क्लिंच का आदेश देता है।
- मैट चेयरमैन बाउट्स के कोर्स का अत्यंत सूक्ष्मतापूर्वक पालन तथा अनुसरण करता है तथा बाउट्स के दौरान वह खुद को हर तरह से चुस्त, सजग तथा अपना सारा ध्यान बाउट पर केंद्रित रखता है।
- मैट चेयरमैन कुश्ती के गुण-धर्म व आचरण का पालन स्वयं तो करता ही है, साथ ही दूसरे अधिकारियों से भी यह अपेक्षा रखता है।
- कभी-कभी ऐसे भी मामले सामने आते हैं, जब रेफरी और जज आपस में ही भिड़ जाते हैं। दरअसल किसी-किसी मामले में दोनों के विचार अलग-अलग होते हैं, वह चाहे प्वॉइंट्स का मामला हो अथवा फॉल का या नतीजे की घोषणा का, कुछ भी हो (हालाँकि ऐसा बहुत कम देखा जाता है), ऐसे में मैट चेयरमैन की भूमिका महत्त्वपूर्ण हो जाती है। वह अपने टास्क के हिसाब से फॉल्स, प्वॉइंट्स की संख्या, नतीजे आदि को निर्धारित करता है।
- किसी भी मामले में मैट चेयरमैन की राय प्रथम नहीं हो सकती है। वह रेफरी तथा जज की ओपिनियन का इंतजार करता है।
- मैट चेयरमैन नतीजे को प्रभावित करने के लिए अधिकृत नहीं होता है अर्थात् वह किसी भी तरह से रिजल्ट को प्रभावित करने का अधिकार नहीं रखता है, न ही वह रिजल्ट की घोषणा करने के लिए स्वतंत्र है।
- मैट चेयरमैन फ्लैगरेंट वॉयलेशन के मामले में बाउट में हस्तक्षेप करने का अधिकार रखता है। वह न केवल बाउट को प्रभावित ही कर सकता है,

बल्कि रेफरी व जज के द्वारा किए गए फैसले के संदर्भ में कारणों के बारे में जवाब तलब भी कर सकता है। रेफरी तथा जज के साथ बैठक के बाद वह शीघ्र निर्णय को रेक्टिफाई कर सकता है, यदि बहुमत उसके पक्ष में आता है तो (जैसे 2 बनाम 1)।

- मैट चेयरमैन अपने अनुभवों का लाभ इंटरनेशनल जजों तथा रेफरी को दे सकता है। वह अपनी तकनीकी योग्यता का प्रदर्शन कर सकता है।

रेफरी के लिए जिम्मेदार व्यक्ति

सभी ओलंपिक गेमों, वर्ल्ड चैंपियनशिप, कप्स, चैंपियनशिप, कॉन्टिनेंटल कप्स व गेम्स तथा रिजनल गेम्स में सभी तरह के रेफरिंग मैटर्स के पर्यवेक्षण हेतु रेफरिंग विभाग के दो सदस्य नामांकित होते हैं।

- बाउट के दौरान यदि मैट चेयरमैन रेफरी तथा जज की तरफ से कोई गंभीर भूल नोट करता है, तथा वह रेफरी व जज से सहमत नहीं होता है, तो वह (मैट चेयरमैन) बाउट में हस्तक्षेप कर सकता है। जज अथवा रेफरी के एग्रीमेंट से, यदि वे अपनी गलतियों को मान लेते हैं, तो मैट चेयरमैन वीडियो सेशन का सहारा लेकर ठीक-ठीक परिणाम के बारे में बताता है अथवा इशारा करता है। इसके विपरीत, दूसरी ओर परिणाम या निर्णय मोडीफाई नहीं होते।

निर्णय व मत

- रेफरी अपना हाथ उठाकर अपने निर्णय का इशारा करता है। अपनी उँगलियों का करतब दिखाकर प्वॉइंट्स बताता है।
- यदि रेफरी तथा जज सहमत हों, तब निर्णय की घोषणा की जाती है।
- मैट चेयरमैन रेफरी तथा जज के निर्णय तथा मतों को बदलने का अधिकार नहीं रखता है। यदि जज व रेफरी किसी मामले में सहमत हों, तो मैट चेयरमैन उनके निर्णय को चुनौती तो दे सकता है, पर इसका रिजल्ट पर कोई असर नहीं पड़ता है।
- यदि कोई वोट लिया जाता है, तो जज तथा मैट चेयरमैन अपने वोटों को बैट्स के जरिए इजहार करते हैं अथवा इलेक्ट्रिक स्कोर बोर्ड पर देखा जा सकता है।
- कुल मिलाकर 11 बैट्स होते हैं, जो विभिन्न रंगों में रँगे होते हैं; जैसे—

ब्लू, लाल व सफेद। इनकी संख्या इस प्रकार है—

- सफेद-एक
- लाल-पाँच, इनमें चार के नंबर होते हैं, 1, 2, 3, 5 तथा ये प्वॉइंट्स बताते हैं और एक बैट पर कोई मार्क नहीं होता। उसका प्रयोग कॉशंस के लिए होता है। यह पहलवान को सावधान रहने की चेतावनी देता है।
- पाँच ब्लू बैट्स होते हैं, उनमें से चार बैट्स के नंबर व मार्क्स लाल बैट्स की तरह होते हैं; जैसे—1, 2, 3, 5 (प्वॉइंट्स भी समान होते हैं), एक बैट पर कोई मार्क नहीं होता तथा इसका प्रयोग पहलवान को सावधान करने के लिए किया जाता है।
- बैट्स के जरिए बहुत सारी बातों का पता चल जाता है। ऐसी स्थितियाँ बहुत कम आती हैं, जहाँ वोट्स की जरूरत होती है। अन्यथा जज बहुत स्पष्ट तरीके से अपना निर्णय बताता है।
- जहाँ पर सहमति न हो, तभी मैट चेयरमैन निर्णय का निर्धारण करता है। यह निर्णय वह रेफरी तथा जज के विरोधी मतों के बीच करता है तथा वह सभी मामलों में एक या दूसरे मत, जो उसको दिया जाता है, के अनुसार वोट करवा सकता है।
- यदि कोई पीरियड अलॉट टाइम के अनुसार सही समय पर संपन्न होता है, तो मैट चेयरमैन की स्कोर-शीट को विचारार्थ रखा जाता है। इसकी जरूरत तब आती है, जब विजेता को प्रतिष्ठित करने की बारी आती है।
- बाउट के दौरान सब समय मैट चेयरमैन की स्कोर शीट पब्लिक स्कोर बोर्ड पर फोकस की जाती है। इसका एक अर्थ यह भी हुआ कि पब्लिक स्कोर बोर्ड पर फ्लैश की जानेवाली स्कोर शीट में चेयरमैन की स्कोर शीट के समतुल्य होती है।
- यदि जज तथा मैट चेयरमैन की स्कोर शीट्स के बीच एक या दो से अधिक प्वॉइंट्स का अंतर होता है, तो ऐसी स्थिति में केवल मैट चेयरमैन की स्कोर शीट का स्कोर ही मान्य होगा।

निर्णय टेबल

जब रेफरी तथा जज कुश्ती एक्शन को ऑब्जर्व करते हैं, तो वे प्वॉइंट्स देते हैं, कॉशंस करते हैं, आदि उनके कुछ संकेत होते हैं। आइए एक ऑब्जर्वेशन पर नजर डालते हैं।

रेफरी	जज	मैट चेयरमैन	परिणाम
1R	1R	—	1R
2B	2B	—	2B
3R	3R	—	3R
5R	5R	—	5R

R का अर्थ है—रेड पहलवान

B का अर्थ है—ब्लू पहलवान

O का अर्थ है—जीरो प्वॉइंट

नोट : इन उदाहरणों में जज तथा रेफरी के बीच सहमति है, अतः मैट चेयरमैन की स्कोर शीट का तब तक महत्त्व नहीं रहता, जब तक कि उसे किसी गंभीर भूल का पता न चल जाए, यानी मैट चेयरमैन इसमें हस्तक्षेप नहीं करेगा। वह सिर्फ सीरियस फॉल्ट में ही दखलंदाजी करता है।

- अब एक-दूसरे टेबल पर विचार करते हैं। इस टेबल में ऐसे उदाहरणों को सम्मिलित किया गया है, जब जज व रेफरी के बीच मतभेद होता है। अंक तालिका, प्वॉइंट्स वगैरह में दोनों की स्कोर शीट्स में अंतर है, ऐसे में मैट चेयरमैन की भूमिका महत्त्वपूर्ण हो जाती है। वह इसमें दखलंदाजी करता है। बहुमत के आधार पर फैसला होगा, जो निम्न तालिका से स्पष्ट है—

रेफरी	जज	मैट चेयरमैन	परिणाम
1R	O	O	O
1B	1R	1R	1R
2R	1R	2R	2R
2B	O	2B	2B
3R	2R	2R	2R
3B	1R	3B	3B

उपरोक्त टेबल से स्पष्ट हो गया है कि रेफरी व जज के प्वॉइंट्स में किसी तरह का कोई साम्य नहीं है, पहले खाने में रेफरी ने रेड पहलवान को 1 प्वॉइंट दिया है, जबकि जज ने शून्य प्वॉइंट दर्ज कराया, सहमति नहीं होने पर मैट चेयरमैन की स्कोर शीट मँगाई गई, जिसमें शून्य प्वॉइंट का उल्लेख था, अतः बहुमत के

आधार पर नतीजा शून्य घोषित किया गया।

दूसरे खाने या बाउट में रेफरी ने ब्लू पहलवान को एक प्वॉइंट, यहाँ जज ने रेड पहलवान को एक प्वॉइंट दिया है, सहमति न होने पर मैट चेयरमैन की स्कोर शीट देखी गई, जिसमें उसने रेड पहलवान को एक प्वॉइंट दिया हुआ है, अतः बहुमत के आधार पर 1R रिजल्ट की घोषणा की गई। तीसरे उदाहरण में रेफरी ने रेड पहलवान को 2 प्वॉइंट्स दिए, जज ने उसे एक प्वॉइंट दिया, जबकि मैट चेयरमैन उसे दो प्वॉइंट्स दिए, इस प्रकार बहुमत से नतीजे की घोषणा की गई—2R

चौथे मामले में रेफरी द्वारा ब्लू पहलवान को 2 प्वॉइंट्स दिया गया, जज ने उसे शून्य प्वॉइंट दिया, लेकिन मैट चेयरमैन की स्कोर तालिका में 2 प्वॉइंट्स दर्ज हैं, अतः बहुमत के आधार पर रिजल्ट की घोषणा की गई—2B

पाँचवें उदाहरण में रेफरी ने R को तीन प्वॉइंट्स दिए हैं, जज ने उसे दो प्वॉइंट्स दिए, जबकि मैट चेयरमैन की स्कोर तालिका में दो प्वॉइंट्स का उल्लेख है, अतः नतीजा—2R

3R—2R—2R=2R

छठे उदाहरण में रेफरी ने ब्लू पहलवान को तीन प्वॉइंट्स दिए, जज ने रेड पहलवान को एक प्वॉइंट दिया, जब मैट चेयरमैन की अंक तालिका देखी गई, तो उसमें ब्लू पहलवान को तीन प्वॉइंट्स दिए गए थे। अतः बहुमत के आधार पर नतीजे की घोषणा की गई—

3B—1R—3B = 3B

प्रत्येक गेम की समाप्ति पर स्कोर शून्य से शुरू होता है।

अधिकारियों के खिलाफ दंड का प्रावधान

फिला ब्यूरो की सुप्रीम ज्यूरी अधिकारियों के खिलाफ अनुशासनात्मक काररवाई करने का अधिकार रखती है। अगर किसी अधिकारी ने तकनीकी रूप से अपराध (भूल) किया है, तो सुप्रीम ज्यूरी फिला के संविधान के अनुसार अधिकारी के खिलाफ काररवाई करती है—

- अधिकारी को चेतावनी देकर छोड़ सकती है।
- प्रतियोगिता से अधिकारी को बाहर का रास्ता दिखा सकती है।
- अधिकारी की पद-प्रतिष्ठा को निम्न कर सकती है, यानी अधिकारी को लोबर कैटेगॉरी में रखा जा सकता है।

- अस्थायी निलंबन का आदेश पारित कर सकती है।
- स्थायी निर्गम का आदेश दे सकती है।

अधिकारियों के वस्त्र

मैच के दौरान प्रतियोगिता स्थल पर कार्यरत रेफरी, जज, मैट चेयरमैन आदि के वस्त्र पहनावे निम्न तरीके से होते हैं—

- फिला लोगो के साथ क्लासिक नेवी जैकेट
- काली बेल्ट के साथ ग्रे ट्राउजर्स
- लंबी या छोटी आस्तीन की हलकी नीली शर्ट, फिला लोगो के साथ (यह Logo लेफ्ट चेस्ट पर रहता है)।
- फिला Logo के साथ येलो टाई।
- काली जुराबें।
- ब्लैक प्लीमसोल्स।
- अधिकारी स्पॉन्सर के नाम का कोई वस्त्र या पट्टी धारण नहीं करते अथवा इस पर सख्त पाबंदी है। हाँ, उनके जैकेट के ऊपर नंबर होता है, (हो सकता है), साथ ही फिला स्पॉन्सर का नाम भी दर्ज कराया जा सकता है।

❑

11

प्रतियोगिता प्रक्रिया

वे-इन

- टीम मैनेजर प्रतियोगियों की अंतिम सूची तैयार करता है और उसे ऑर्गनाइजर को सौंप देता है। यह सूची 'वे-इन' शुरू होने के 6 घंटे पहले तक ऑर्गनाइजर को प्राप्त हो जानी चाहिए। यह अंतिम सूची होती है, क्योंकि इसके बाद इसमें किसी तरह की फेर-बदल की गुंजाइश नहीं होती है। अत: टीम मैनेजर को काफी चौकसी व सूझ-बूझ के साथ अपने प्रतियोगियों की लिस्ट तैयार करनी चाहिए।

अपने पहलवानों की अंतिम सूची तैयार करते समय टीम मैनेजर कई एक बातों का ध्यान रखता है। 'वे-इन' वर्ग में ऐसे प्रतियोगियों को वरीयता के क्रम से रखता है, जो खेल जीत जाने की शक्ति रखते हों, जिनकी काबिलियत पर किसी तरह का संदेह न हो।

जिन प्रतियोगियों का आत्मविश्वास मजबूत होता है, जिनकी क्षमता उभरकर आती है, जिनके पूर्व के प्रदर्शन काफी अच्छे रहे थे, आदि कई एक बातें टीम मैनेजर को आकर्षित करती हैं। वह प्रतियोगियों की अंतिम सूची तैयार करने से पहले यह भी देखता है कि कहीं से कोई चूक न रहे तथा सभी प्रतियोगी को मौका मिले।

- 'वे-इन' में प्रत्येक वर्ग के लिए उसी दिन इवेंट शुरू होता है और खत्म भी होता है। यह तीस मिनट का होता है।
- ऐसे पहलवान को वे-इन वर्ग में जगह नहीं दी जाती, जो नियमानुसार समयावधि के अंतर्गत मेडिकल परीक्षण से गुजरा न हो। अर्थात् वे-इन में

जगह पाने के लिए पहलवान को तमाम औपचारिकताओं का पालन करना जरूरी होता है। उनमें मेडिकल परीक्षण अहम है।

- यह मेडिकल परीक्षण 'वे-इन' से एक घंटा पहले नियमानुसार पारंपरिक रूप से परफॉर्म होता है।
- पहलवान को अपने पासपोर्ट तथा लाइसेंस दिखाना आवश्यक होता है।
- पहलवानों का मेडिकल परीक्षण योग्य डॉक्टरों की देखरेख में संपन्न होता है। अगर कोई पहलवान गंभीर बीमारी के खतरे से जूझ रहा हो अथवा परीक्षण के दौरान कांटेजियस रोग के खतरे का पता चलता है, तो डॉक्टर को यह अधिकार है कि वह ऐसे पहलवान को प्रतियोगिता में भाग लेने से रोक सकता है।
- मेडिकल परीक्षण में उत्तीर्ण प्रतियोगी का वजन तौला जाता है। वेट के समय प्रतियोगी का सिंग्लेट तो होता है, पर उनके जूते नहीं होते। अर्थात् बिना जूतों के ही प्रतियोगी का वजन सिंग्लेट के साथ तौला जाता है।
- सिंग्लेट के लिए कोई वजन निर्धारित नहीं होता है।
- प्रतियोगियों को परफेक्ट फिजीकल कंडीशन में ही होना चाहिए।
- उनके नाखून बहुत छोटे होने चाहिए, यानी प्रतियोगिता में भाग लेने से प्रतियोगियों को अपनी उँगलियों के नाखून बहुत छोटे करवा लेने चाहिए।
- 'वे-इन' अवधि में पहलवानों को यह अधिकार रहता है कि वे प्रत्येक टर्न में अपने प्रदर्शन व स्केल की जानकारी प्राप्त कर सकें। पहलवान अपनी मरजी से, अपनी इच्छानुसार कई बार स्केल की जानकारी प्राप्त कर सकते हैं। जिस तरह भी वे चाहें, ऐसा करने का उन्हें पूरा अधिकार है।
- सभी प्रतियोगिताओं के लिए 'वे-इन' (एकमात्र वेट-कैटेगरी के जरिए) आयोजित होंगे।
- अधिकारियों की यह ड्यूटी व अधिकार है कि वे-इन में भाग लेनेवाले सभी पहलवानों के वस्त्र, शारीरिक दशा आदि की जाँच कर यह संतुष्ट हो लें कि उन्होंने गेम के नियमों का पूरी तरह ध्यान रखा है। खासकर इन कांटेक्ट ड्रेस के पहलवान पर ध्यान केंद्रित करते हुए उन्हें पहले चेतावनी और बाद में प्रतियोगिता से बाहर भेजने का आदेश भी सुना सकते हैं। इसमें पहलवान अथवा टीम मैनेजर किसी तरह का कोई हस्तक्षेप नहीं कर सकता है।

ड्रॉविंग ऑफ लोट्स

- 'वे-इन' प्रतियोगिताओं में प्रतियोगिता आरंभ होने से पूर्व 'ड्रॉविंग ऑफ लोट्स' के जरिए संख्या क्रम के अनुसार प्रत्येक राउंड के लिए प्रतियोगियों की जोड़ी निर्धारित की जाती है।
- 'ड्रॉविंग ऑफ लोट्स' का संचालन खुलेआम होता है। यह जनता के बीच और पारदर्शी होता है। मेडिकल परीक्षण से गुजरे (प्रतियोगिता के लिए उत्तीर्ण) जितने भी पहलवान होते हैं, उनके हिसाब से टोकन भी होते हैं। ये सभी टोकंस अर्न या बैग या उसी तरह की किसी चीज में संलग्न होते हैं। इसी पद्धति को ड्रॉविंग ऑफ लोट्स कहा जाता है। यदि इससे अलग पद्धति अपनाई जाती है, तो इसका खुलासा पहले ही हो जाता है और जनता को बता दिया जाता है।
- ड्रॉविंग ऑफ लोट्स पद्धति के अंतर्गत पहलवान का वजन किया जाता है, और जिस तरह से वह स्केल पाता है, अपनी जोड़ी के आधार पर (अर्थात् जिसके साथ उसकी जोड़ी बनेगी, इसके आधार पर) अपना नंबर 'ड्रा' करता है। यह संख्या शीघ्र ही नोटिस बोर्ड पर आम जनता के लिए फ्लैश कर दी जाती है। शुरू में और वे-इन लिस्ट, दोनों पर भी यह देखा जा सकता है।
- 'ड्रॉविंग ऑफ लोट्स' पद्धति का संचालनकर्ता और ऑब्जर्वर इस पूरी प्रक्रिया के लिए जिम्मेदार होता है। यदि इसमें वह कुछ अनियमितता या किसी तरह की कोई त्रुटि पाता है, जैसे कि प्रोसीजर का ठीक से नियमानुसार पालन नहीं किया जा रहा है, तो उक्त कैटेगरी के लिए ड्रॉविंग ऑफ लोट्स को कैंसल कर सकता है। पुनः इस पद्धति का संचालन तब ही शुरू किया जाएगा, जब तकनीकी अधिकारियों की सहमति मिल जाए, यानी तकनीकी अधिकारी के परामर्श तथा उनके निर्णय के अनुसार ही ड्रॉविंग ऑफ लोट्स का दुबारा उस वर्ग के लिए संचालन हो सकेगा।

संक्षिप्त वर्गीकरण सूची

यदि कोई एक या एक से ज्यादा पहलवान 'वे-इन' में भागीदारी नहीं करते (भाग नहीं लेते) अथवा वे आवश्यकता से ज्यादा हैवी हैं (होते हैं), 'वे-इन' के पश्चात पहलवानों को फिर से ग्रुप में बाँटा जाता है। इसके लिए वर्गीकरण के यथार्थ अथवा एक्यूरेट क्रम (सबसे नीचे से सबसे ऊपर तक संख्या) का ध्यान रखा जाता है अथवा इसका पालन किया जाता है।

संख्या	1	E
संख्या	2	H
संख्या	3	B
संख्या	4	A
संख्या	5	D
संख्या	6	C
संख्या	7	J
संख्या	8	L
संख्या	9	I
संख्या	10	G
संख्या	11	K
संख्या	12	F

(संख्या क्रम के आधार पर पहलवानों को रि-ग्रुप किया गया है)

जोड़ी तैयार करना

- पहलवान जो नंबर खींचे होते हैं, उन नंबरों के क्रम में ही उनकी जोड़ी बनेगी।
- बाउट्स की समय सूची, नियम व शर्तों तथा सही प्रोसीजर्स के संदर्भ में एक दस्तावेज जारी किया जाता है।
- इस दस्तावेज में सारी बातों का उल्लेख मिलता है, जैसे कि गेम मैनर की सारी सूचनाएँ, अगर कोई बदलाव किया गया है तो उसका भी ब्योरा रहता है, अर्थात् जिस प्रतियोगिता के लिए पहलवान उतरने जा रहे हैं, उस गेम के संचालन व तौर-तरीकों के बारे में सारी सूचनाएँ दर्ज रहती हैं।
- प्रत्येक राउंड की जोड़ी, रिजल्ट्स आदि बोर्ड पर रिकॉर्ड किए जाते हैं, ताकि प्रतियोगी उसे देखकर समझ सकें तथा अपनी रणनीति बदल सकें।

प्रतियोगिता से निष्कासन

- क्लासिफिकेशन प्वॉइंट्स (चिह्नित) के अनुसार ही लूजर को रैंक मिलता है तथा उसे प्रतियोगिता से बाहर किया जाता है। अपवादस्वरूप वे पहलवान होते हैं, जो रिपिचेज में फाइनलिस्टों में से किसी एक के द्वारा हार चुके होते हैं (ऐसे पहलवान Repechage में तीसरे अथवा पाँचवें स्थान के लिए खेल चुके होते हैं)।

- मान लें कि किसी मैच में कोई पहलवान अपने प्रतिद्वंद्वी के खिलाफ उतरनेवाला है, अथवा उतरा है, लेकिन वह अयोग्य घोषित होता है, तो ऐसे में प्रतिद्वंद्वी को मैच का विजेता मान लिया जाता है। कोई भी पहलवान मेडिकल व ऑफिसियल अनुमति अथवा एडवाइस के बिना मैच में अपने प्रतिद्वंद्वी के आगे ताल नहीं ठोक सकता है।
- यदि कोई पहलवान खेल में बाधा डालने की कोशिश करता है, इसके लिए वह तरह-तरह के कमेंट्स करता है अथवा खेल के संचालन तथा नियमों की अनदेखी करने का आरोप लगाता है अथवा फिला के नियमों पर उँगली उठाता है, अथवा किसी तरह की कोई चीटिंग करता है या मैदान में अभद्र व्यवहार करता है, बदतमीजी से पेश आता है, जानबूझकर गलतियाँ करता है, आदि मामलों में उक्त पहलवान को तुरंत ही प्रतियोगिता से बाहर कर दिया जाता है और यह भी हो सकता है कि संपूर्ण इवेंट के लिए उसे निष्कासित कर दिया जाए।
- यदि दो पहलवान ऐसे ही मामलों में अभद्र व्यवहार करते हैं, तो उन दोनों को भी गेम से हटाया जा सकता है। अथवा उन्हें अयोग्य ठहराया जाता है और तो और, इन दोनों का भी वही हश्र होता है, जैसा पहले के साथ हुआ। एक या एक से अधिक पहलवान पर समान नियम लागू होते हैं।
- ऐसे अयोग्य पहलवानों के साथ अगर किसी की जोड़ी है, तो उस पहलवान को विजेता घोषित कर दिया जाता है, यानी जोड़ीवाले पहलवान को दूसरे के दंड अथवा उसकी अयोग्यता का सीधा लाभ मिल जाता है और वह विजेता होता है। उक्त राउंड के लिए पेयरिंग में कोई मोडीफाई नहीं होता और हर हाल में सामनेवाले को लाभ मिलता है।
- यदि यह योग्यता फाइनल मैच में रैंकिंग का आधार बनता है, तो उक्त पहलवान अंतिम वर्ग तैयार करने के समय टेबल की ओर मूव करेंगे।
- यदि दोनों फाइनलिस्ट अयोग्य हो जाते हैं, चाहे वे किसी भी कारण से हुए, तो ऐसी स्थिति में बाउट को 'टू-थर्ड' के बीच आयोजित करना आवश्यक हो जाता है।

❑

12

बाउट

अवधि

सभी प्रतियोगिताओं के लिए समय निर्धारित होता है, जो टाइमिंग बोर्ड पर दिखाया जाता है, जो 0 से 2 मिनट के लिए होता है। टाइमिंग बोर्ड पर यह समय 0 से शुरू होता है तथा अधिक-से-अधिक 2 मिनट का होता है।

प्रत्येक पीरियड के विजेता को एक खास रंग के प्रकाश द्वारा दरशाया जाता है। जिस रंग के परिधान में विजयी पहलवान होता है, ठीक उसी रंग का प्रकाश फोकस होता है, जो यह दरशाया है कि उक्त पीरियड में उक्त पहलवान विजयी हुआ है।

विभिन्न श्रेणी व वर्ग के लिए बाउट्स की अवधि इस प्रकार है :

- स्कूली छात्र और कैडेट्स के लिए—
  1 मिनट 30 सेकेंड्स के लिए तीन पीरियड
- जूनियर्स तथा सीनियर्स के लिए—
  तीन पीरियड (दो मिनट के)
- प्रत्येक पीरियड की समाप्ति पर एक पहलवान विजयी घोषित होता है।
- अगर किसी पहलवान ने दो पीरियड्स जीते हैं, तो उसे मैच-विजेता घोषित किया जाता है।
- यदि दो पीरियड्स के बाद विजय की घोषणा की जाती है, तो तीसरी पीरियड को हटा दिया जाता है।
- फॉल उस पीरियड के मैच को स्वत: रोक देता है। कुछ अपवाद भी होते हैं। ऐसे मामलों में जहाँ पीरियड 0-0 पर समाप्त होती है, नियमित समय के अंत में क्लिंच का आदेश दिया जाता है अथवा क्लिंच होगा। यह क्लिंच

अधिक-से-अधिक तीस सेकेंड्स का होता है।

प्रतियोगियों को बुलाना

- सभी प्रतिस्पर्द्धियों को स्पष्ट व तेज आवाज में मैट पर उपस्थित होने के लिए कहा जाता है।
- ऐसे प्रतियोगी को नए बाउट के लिए तब तक नहीं बुलाया जाएगा, जब तक कि संलग्न बाउट की समाप्ति के समय से उसके पास बाकी समय बचा होता है। इसको सरल शब्दों में इस तरह कहा जा सकता है कि मान लें कि प्रतियोगी ने अभी-अभी कोई बाउट समाप्त किया है और बाउट के समय (15 मिनट) से उसके पास शेष समय बच जाता है, तो जब तक यह समय पूरा नहीं हो जाता, उस पहलवान को किसी नए बाउट के लिए नहीं बुलाया जाएगा।

नीचे दिए गए मामलों में पहलवान को विलंब के लिए दंडित किया जा सकता है—

- यदि कोई पहलवान प्रथम कॉल या अनुरोध पर, जो उसके लिए होता है, कोई जवाब नहीं देता अथवा जानबूझकर खामोश रहता है अथवा ऐसा लगे कि वह सुनकर अनसुनी कर रहा है, तो उसे व्यवधान व विलंब मानकर उसके अनुसार वह सजा का भागी हो सकता है।
- प्रतियोगियों को तीस सेकेंड के इंटरवल पर तीन बार बुलाया जाएगा।
- यदि पहलवान तीसरी कॉल के बाद आगे नहीं आता तो उसे अयोग्य माना जाएगा तथा उसको जगह नहीं दी जाएगी।
- ऐसे में अपोजिट प्रतिद्वंद्वी पहलवान को पूरा लाभ मिलता है तथा डिफॉल्ट के जरिए उसे बाउट का विजेता मान लिया जाता है।
- ये सभी कॉल्स फ्रेंच तथा अंग्रेजी में होते हैं।

पहलवान की समारोह में प्रस्तुति

फाइनल में प्रत्येक वेट कैटेगॉरी के लिए समारोह आयोजित होते हैं—

- फाइनलिस्ट (प्रथम और दूसरे स्थान) पहलवान अपने कोचों के साथ मैट पर उपस्थित होते हैं। उद्घोषक उनकी उपलब्धियों के बारे में घोषणा करता है।
- मैट चेयरमैन, रेफरी और जज भी फाइनलिस्टों के साथ होते हैं।

❑

13

बाउट का प्रारंभ

बाउट प्रारंभ होने से पूर्व प्रत्येक पहलवान की 'हाजिरी' होती है। ज़ब बाउट के लिए खेलनेवाले प्रतिद्वंद्वी के नाम की आवाज लगाई जाती है, तो उस प्रतिद्वंद्वी को जवाब देना होता है। इसके बाद बारी-बारी से पहलवान को आवाज देकर मैट पर बुलाया जाता है।

मैट के कॉर्नर पर, जिस पहलवान के लिए जो स्थान निर्धारित होता है, वह अपनी पोजीशन लेता है।

मैट का कॉर्नर उसी रंग का होता है, जिस रंग का पहलवान का सिंग्लेट होता है और जो सिर्फ उसी के लिए होता है। पहलवान का सिंग्लेट, वस्त्रादि खेल नियमों के अनुसार, फिला के द्वारा जारी किए जाते हैं। इसके बारे में विस्तृत जानकारी पहले ही दी जा चुकी है।

प्रत्येक पहलवान अपने सिंग्लेट के समान रंगवाले मैट के कॉर्नर पर अपना स्थान ग्रहण करता है।

रेफरी मैट के मध्य में सेंट्रल सर्किल में खड़ा होता है। वह दोनों पहलवानों को अपने साइड में बुलाता है। इसके बाद वह पहलवानों से हाथ मिलाता है। उनके वस्त्र आदि चेक करता है, यह भी पता लगाता है कि पहलवानों ने अपने शरीर में कोई तेल, चिकनी चीज, ग्रीस वगैरह तो नहीं लगा रखा है अथवा उनके पास कोई ऐसी वस्तु तो नहीं है, जो खेल नियमों के विरुद्ध है।

रेफरी यह भी वेरीफाई करता है कि प्रतिद्वंद्वियों के हाथों में भी कोई ऐसी चीज नहीं है, जो नियम के विरुद्ध हो। पहलवानों के हाथ मैट पर 'वेयर' होने

आवश्यक हैं, यह भी देखता है कि उनके पास 'रूमाल' (Handkerchief) तो मौजूद है। सिर्फ यही रूमाल जैसी कोई चीज होती है, जो बाउट के दौरान पहलवान हमेशा अपने पास रखते हैं, इस तरह से सारी औपचारिकताएँ रेफरी द्वारा पूरी की जाती हैं, उसके बाद अब पहलवान की बारी आती है।

पहलवान एक-दूसरे का अभिवादन करते हैं। हाथ मिलाते हैं और जब रेफरी सीटी बजाता है, पहलवान बाउट शुरू कर देते हैं।

बाउट में हस्तक्षेप

- यदि बाउट के दौरान कोई प्रतियोगी खुद को ऐसी स्थिति में पाता है, जहाँ वह बाउट को जारी रखने में असमर्थ होता है (यह स्थिति प्राय: तब बनती है, जब प्रतियोगी चोटिल हो जाए, कोई दुर्घटना हो जाए, उसका शरीर ऐसी स्थिति में हो कि वह खुद पर नियंत्रण पाने में असमर्थ रहता है, आदि), ऐसी स्थिति में रेफरी कुश्ती को रोकने को कह सकता है। यह सब नियमानुसार होता है। उसके बारे में पीछे जानकारी दी जा चुकी है।
- जब बाउट में दखलंदाजी करने का अवसर आता है, अथवा जब बाउट को रोका जाता है, तब पहलवान अपने निर्धारित कॉर्नर में खड़े हो जाते हैं। वे (जख्मी अवस्था में) अपने कंधों को टॉवल अथवा अपने ड्रेसिंग गाउन से ढके रख सकते हैं और अपने-अपने कोच की राय का इंतजार करते हैं अथवा अपने कोच की सलाह से अगले आदेश का इंतजार करते हैं।
- यदि कोई बाउट मेडिकल कारणों से दोबारा आरंभ करने की स्थिति में न हो अथवा उसे दोबारा शुरू नहीं किया जा सकता अथवा ऐसी स्थिति न हो, तब निर्णय का फैसला प्रतियोगिता डॉक्टर-इन-चार्ज के हाथ में होता है, जो प्रतियोगियों के दोनों कोचों को बुलाकर तथा मैट चेयरमैन के साथ परामर्श करता है, जो उस बाउट के दौरान मौजूद होते हैं (अथवा इसमें संलग्न होते हैं), बाद में बाउट को रोकने का आदेश दिया जाता है।
- यदि रेफरी की तरफ से पीरियड के दौरान किसी गंभीर भूल का पता चलता है, तो मैट चेयरमैन उसमें हस्तक्षेप कर सकता है। इतना ही नहीं, मैट चेयरमैन को यह भी अधिकार है कि अगर रेफरी व जज द्वारा स्कोर तैयार करने में कोई त्रुटि पाता है, तो वह उस पीरियड में दखलंदाजी करने के लिए तैयार रहता है। ऐसे मामलों में वह कंसल्टेशन का अनुरोध करता

है। यदि मैट चेयरमैन को बहुमत प्राप्त नहीं होता है, तो वह उस प्रक्रिया को अपनाने पर जोर देता है, जो आमतौर पर वीडियो रिव्यू होता है अर्थात् मैट चेयरमैन वीडियो सेशन रिव्यू करके ठीक-ठीक निष्कर्ष पर पहुँचता है।

- मैट पर एक प्रतियोगी पहलवान के लिए ऐसी कोई जगह नहीं देखी गई है, जब वह एक्शन को इंटरप्ट करने के लिए तत्पर हो या खुद को तैयार रखे। अथवा पहलवान ऐसा कतई नहीं कर सकता कि वह अपने प्रतिद्वंद्वी को मैट के छोर से सेंटर तक खींचकर ले जाए। पहलवानों को हर हाल में नियमों से बँधे रहने पड़ते हैं। उनके लिए जो नियमानुसार निर्धारित जगह है, उसी जगह पर या तो खड़े होकर मुकाबला करेंगे अथवा 'Par terre' पोजीशन सँभालेंगे।
- यदि किसी पहलवान के कोई एक्शन से प्रतिद्वंद्वी को चोट पहुँचती है अथवा प्रतिद्वंद्वी पहलवान लहूलुहान हो जाता है, तो ऐसी स्थिति में फॉल्ट माना जाएगा और दोषी पहलवान को अयोग्य करार दिया जाएगा तथा जख्मी पहलवान को विजेता घोषित किया जाएगा।

❑

14

बाउट का समापन

बाउट का समापन ऐसी स्थितियों में हो सकता है—

1. जब फॉल हो,
2. अयोग्यता की स्थिति बनती है,
3. अपोनेंट्स में से कोई एक जख्मी (इंजर्ड) घोषित किया जाता है, आम तौर पर बाउट के समापन की यही स्थितियाँ बनती हैं।

टेक्निकल वरीयता के आधार पर भी पीरियड समाप्त होता है (6 प्वॉइंट) अथवा पाँच प्वॉइंट्स होल्ड के बाद (ग्रैंड अंप्लीच्यूड), जो स्कोर होता है, या जो स्कोर है, 3 प्वॉइंट्स में से दो होल्ड कायम करने के बाद—

- अथवा क्लिंच के मामले में जहाँ पहलवान एक प्वॉइंट अथवा इससे ज्यादा तीस सेकेंड समय शेष रहते हुए जीतता है।
- या फिर कुश्ती के एक्सपायरेशन पर, जब 'गोंग' का साउंड बजता है तथा रेफरी की सीटी की गूँज सुनाई पड़ती है। इसके जरिए वे संकेत अथवा अनुमति देते हैं कि कुश्ती एक्सपायर्ड हो गई है। इसके बाद बाउट का समापन हो जाएगा।
- जब एक पहलवान नियमित समय के अंदर पाँच प्वॉइंट्स होल्ड संपादित करता है, सरल अर्थ में कहें तो 5 प्वॉइंट्स 'होल्ड' करता है, तो रेफरी संभावित फॉल तक का इंतजार करेगा। यदि उसका (पहलवान का) अपोनेंट वश में कर लेता है (जीत जाता है), तो रेफरी शीघ्र ही सीटी बजा देता है। इसके बाद वह विजेता से पूछता है कि क्या वह बाउट को जारी रखना चाहता है?

- दूसरी ओर, वही पहलवान बाउट या मैच का विजेता घोषित किया जाएगा। ठीक यही नियम तीन प्वॉइंट के दूसरे होल्ड पर लागू होते हैं।
- तकनीकी वरीयता के आधार पर मैच जीतने के लिए, विजेता को दो पीरियड्स तकनीकी वरीयता के अनुसार जीतने होते हैं (दो बार 6 प्वॉइंट्स अंतर) अथवा दो पीरियड्स पाँच प्वॉइंट्स के साथ अथवा प्रत्येक होल्ड एक प्वॉइंट।
- तकनीकी वरीयता के मामले में रेफरी सदा पहलवान से पूछता है कि क्या वह बाउट को ज़ारी रखना पसंद करेगा?

  यह प्रक्रिया फाइनल बाउट्स (1-2, 3-4 के लिए) में लागू नहीं होती।
- वह पहलवान, जो वरीयता के अनुसार या आधार पर बाउट जीतता है, बाउट को जारी रखने का फैसला कर सकता है—

1. 'पिन' के लिए प्रयास करना।
2. बाउट को खोने का जोखिम उठाना।

- यदि रेफरी ने 'गोंग' की आवाज नहीं सुनी है, तो मैट चेयरमैन आगे आता है और उसमें हस्तक्षेप करता है। वह बाउट को रोकने के लिए इशारा करता है, जैसे वह कोई मुलायम वस्तु मैट पर उछाल सकता है, ताकि रेफरी का ध्यान आकर्षित कर सके।
- कोई भी ऐसा एक्शन, जो उस समय शुरू किया गया, जब गोंग का साउंड होता है, मान्य नहीं होगा और रेफरी के व्हिसल तथा गोंग के साउंड के बीच कोई भी एक्शन नहीं किया जाता है, अगर ऐसा होता भी है, तो उस पर कोई ध्यान नहीं दिया जाता है, न ही वह मान्य होगा। हालाँकि ऐसा बहुत कम मामलों में देखा गया है।
- जब बाउट समाप्त होता है, रेफरी ऑफिसियल खेल से मुखातिब होकर मैट के सेंटर में खड़ा हो जाता है।
- पहलवान जो रेफरी के दोनों साइड में खड़े रहते हैं, निर्णय का इंतजार करते हैं। इससे पहले बाउट समाप्त होने के तुरंत बाद वे हाथ मिलाते हैं।
- कंपीटीशन हॉल छोड़ने से पहले पहलवानों को अपने सिंगलेट्स के शोल्डर स्ट्रेप्स को कम करने अथवा लोअर (निम्न) करने की आजादी नहीं है। उस पर निषेध है। अत: पहलवानों को इसका ध्यान रखना चाहिए।
- जैसे ही निर्णय की घोषणा की जाती है, पहलवान रेफरी से हाथ मिलाते हैं।

- इसके बाद हर पहलवान अपने प्रतिद्वंद्वी के कोच से हाथ मिलाता है।

यदि उपरोक्त नियमों का पालन नहीं किया जाता, तो पहलवान का फॉल्ट माना जाएगा तथा उसके खिलाफ अनुशासनात्मक कारवाई की जा सकती है।

बाउट को रोकना तथा जारी रखना

- ऐसे सभी मामलों में जब कुश्ती को स्टैंडिंग अथवा 'Par terre' पोजीशन में रोका जाता है, तो स्टैंडिंग पोजीशन को रिकॉमेंड किया जाएगा।
- कुश्ती को मैट के सेंटर में स्टैंडिंग पोजीशन में रोका तथा पुनः आरंभ किया जा सकता है यदि—

— कोई एक पाँव प्रोटेक्शन एरिया को स्पर्श (टच) करता है।

— पहलवान होल्ड किए बगैर, होल्ड में तीन या चार कदम जोन में चले जाते हैं और वहीं टिके रहते हैं।

— कोई भी ऐसे मामलों में, जब पहलवान प्रोटेक्शन जोन को छोड़ता है अथवा वहाँ से जाता है।

कुछ अपवाद भी हैं, जैसे जिस पहलवान पर अटैक हुआ है, वह यदि 'Par terre' पोजीशन में गैर-कानूनी एक्शन लेता है, तो उसे चेतावनी दी जाती है और एक या दो प्वॉइंट्स उसके अपोनेंट को मुफ्त में मिल जाते हैं।

बाउट को 'पार टेरे' पोजीशन में आरंभ किया जाता है।

जीत के प्रकार

बाउट को जीता जा सकता है—

1. 'फॉल' से।
2. इंज्यूरी, विदड्रॉवल, डिफॉल्ट से।
3. अपोनेंट के अयोग्य घोषित होने पर।
4. प्रत्येक पीरियड की समाप्ति पर विजेता की घोषणा की जाती है।
5. पहलवान, जो दो पीरियड जीतता है, मैच का विजेता घोषित किया जाता है।
6. यदि दो पीरियडों के बाद ही जीत की घोषणा हो जाती है, तो फिर तीसरी पीरियड को हटा दिया जाता है।
7. तकनीकी वरीयता के आधार पर।

8. प्वॉइंट्स के आधार पर (1 से 5 प्वॉइंट्स के अंतर से दो पीरियडों में जीत)।

- यदि कोई पहलवान पाँच प्वॉइंट्स होल्ड करता है (ग्रैंडी अंप्लीच्यूड), तो उसे पीरियड का विजेता घोषित कर दिया जाता है (जो भी स्कोर रहता है)।
- यदि पहलवान पीरियड में 3 प्वॉइंट्स का दो होल्ड करे, उसे पीरियड (जो कुछ स्कोर है) का विजेता घोषित कर दिया जाता है।
- टाई होने पर (जैसे 1–1 प्वॉइंट्स या 2–2, 3–3 इत्यादि) तथा जब होल्ड्स का क्रिटेरिया व कौशंस समान हों, विजेता की घोषणा पहले के आधार पर नहीं की जाएगी, बल्कि पूरे गेम को स्टिमूलेट करने के क्रम में प्राप्त अंतिम प्वॉइंट के आधार पर होती है।
- यदि पीरियड में एक या एक से अधिक कौशंस का प्रयोग होता है, तो जिस पहलवान के हिस्से में सबसे कम कौशंस होंगे, वही विजेता घोषित किया जाएगा।
- यदि कोई पीरियड 0–0 पर समाप्त होता है, तो पीरियड का विजेता वही पहलवान होगा, जो ऑर्डर्ड (Ordered) क्लिंच के दौरान अधिकतम 30 सेकेंड्स में एक या एक से अधिक प्वॉइंट्स जीतता है।
- कौशंस के क्रम में सभी पीरियड्स पर विचार किए जाते हैं।
- यदि एक पहलवान तीन कौशंस पाता है, तो उसे अयोग्य करार दिया जाता है।
- यदि किसी पीरियड के नियमित समय के आखिर में, दोनों पहलवान 0–0 प्वॉइंट्स पाते हैं, तो रेफरी बाउट को रोक देता है और आदेश देता है कि बाउट को अधिकतम तीस सेकेंड्स में क्लिंच पोजीशन में रिज्यूम करें।

❑

15

बाउट के दौरान पार टेरे

- यदि पहलवानों में से कोई एक अपने प्रतिद्वंद्वी को मैच के दौरान ग्राउंड (Ground) पर लाता है, 'पार टेरे' पोजीशन में कुश्ती जारी रहता है तथा पहलवान (अंडरनीथ) अपने प्रतिद्वंद्वी के प्रभाव अथवा उसकी गिरफ्त से बचने के लिए काउंटर करता है, जैसे खड़े होकर अथवा जो उसकी पसंद हो, उसके अनुसार काउंटर कैरी कर सकता है।
- यदि कोई पहलवान अपने प्रतिद्वंद्वी को ग्राउंड पर लाता है तथा अटैक्ड पहलवान द्वारा अच्छे डिफेंसिव एक्शन के कारण वह कोई भी एक्शन शुरू करने में असमर्थ रहता है, तो ऐसी स्थिति में रेफ़री एक उचित समय के बाद बाउट को रोक देता है। इसके बाद पहलवानों के बीच शुरू होनेवाला बाउट स्टैंडिंग पोजीशन में संपन्न होता है।
- अटैकिंग पहलवान के लिए यह सख्त निषेध है कि वह अपने प्रतिद्वंद्वी पर छलाँग लगाते हुए बाउट को फिर से आरंभ करे। अगर वह ऐसा करता है, तो फिला के नियमों को भंग करने का दोषी माना जाएगा।
  रेफरी उसे कौशन देता है तथा पहलवान को फिर से उठकर 'पार टेरे' पोजीशन में आने को कहता है।
- टॉप पर रहे पहलवान को बाउट को इंटरप्ट करने का हक नहीं रहता है। ना ही वह अपील या रिक्वेस्ट करने की स्थिति में रहता है कि कुश्ती को स्टैंडिंग पोजीशन में फिर से शुरू किया जा सके।

'पार टेरे' पोजीशन का आदेश

रेफरी की सीटी बजने से पहले 'पार टेरे' पोजीशन में पहलवान का इनीटियल पोजीशन—

वह कंटेस्टेंट (प्रतिभागी), जिसको 'पार टेरे' पोजीशन करने की अनुमति प्राप्त होती है, वह अपने घुटनों पर फॉल करेगा अर्थात् उसे अपने घुटनों पर फॉल करना होता है। इस क्रिया में उसके हाथ मैट पर हाथ तथा एल्बोज अलग तथा कम-से-कम 20 से.मी. अपने घुटनों से दूर रखता है, बाँहें सीधी होनी चाहिए, उसके पाँव अनक्रॉस्ड, उसकी जाँघें उसकी हील्स को स्पर्श न कर सके, इस तरह की जो पोजीशन कायम होती है, उसको 'पार टेरे' पोजीशन कहा जाता है।

रेड जोन

पैसिव पहलवान का पता लगाने के मकसद से रेड जोन उपलब्ध कराया जाता है।

यह इस उद्देश्य से भी तैयार किया जाता है, ताकि कुश्ती एरिया से किसी तरह का कोई डिपार्चर और मैट के एज (Edge) पर सिस्टेमेटिक कुश्ती के एलिमिनेशन में सहायता मिल सके।

- कोई होल्ड या एक्शन सेंट्रल कुश्ती एरिया पर शुरू किया गया तथा उसी जोन में समाप्त हो रहा हो, मान्य होंगे, वह चाहे डेंजर पोजीशन, काउंटर अटैक तथा फॉल ही क्यों न हों, सभी वैलिड होते हैं।
- मैट (रेड जोन से अलग) के सेंट्रल कुश्ती एरिया पर स्टैंडिंग पोजीशन में शुरू किया गया कोई भी होल्ड या काउंटर अटैक अच्छा होता है। लेकिन जहाँ यह फिनिश होता है, वह स्थान रिगार्डलेस होता है (कुश्ती एरिया, रेड जोन अथवा प्रोटेक्शन एरिया)।
- यदि यह प्रोटेक्शन एरिया में समाप्त होता है, तो बाउट को रोक दिया जाता है और पहलवान मैट के सेंटर पर लौट जाते हैं। स्टैंडिंग पोजीशन में होल्ड की गुणवत्ता के अनुसार प्वॉइंट्स दिए जाते हैं।
- प्रोटेक्शन एरिया में फॉल वैलिड नहीं होता है। हाँ, बाउट को बाधित किया जा सकता है तथा पहलवान, क्योंकि होल्ड मैट पर बाधित या खत्म हो जाता है, मैट के सेंटर पर स्टैंडिंग पोजीशन में लौट जाते हैं।
- ऐसे मामले में जहाँ अटैकिंग पहलवान होल्ड को कार्यान्वित करते हुए प्रोटेक्शन जोन में फॉल पोजीशन में पहुँच जाता है, तो बाउट को रोक

दिया जाता है तथा इसके प्रतिद्वंद्वी को दो प्वॉइंट्स दिए जाते हैं। इसके बाद बाउट को दोबारा स्टैंडिंग पोजीशन में मैट के सेंटर में शुरू किया जाता है।

- अपने स्टार्ट किए गए होल्ड्स तथा एक्शन को परवान पहुँचाने के क्रम में तथा जिसे मैट के सेंट्रल फर्श पर शुरू किया गया है, पहलवान तीन या चार कदम रेड जोन में प्रवेश कर सकते हैं तथा अपने एक्शन या होल्ड को सभी डायरेक्शन में जारी रख सकते हैं (पुशिंग, ब्लॉकिंग, पुलिंग के अलावा)।
- केवल स्ट्रिक्ट कंडीशन के अलावा, जिसके अंतर्गत पहलवान जोन में केवल दो कदम इंटर करके होल्ड को कार्यान्वित करने में जुटे रहते हैं, शेष स्थितियों में वे जोन (रेड) में स्टैंडिंग पोजीशन में कोई होल्ड या एक्शन करते हैं तो उसको माना नहीं जाता, न ही उसको कॉमेंस में रखा जाएगा। ऐसे मामले में रेफरी एक सीमित समय तक इस स्थिति पर निगाह रखेगा और होल्ड को फलीभूत (विकसित) होने तक इंतजार करेगा।
- यदि पहलवान रेड जोन में अपने एक्शन को इंटरप्ट करते हैं और वहीं जमे रहते हैं अथवा यदि बिना किसी एक्शन के वे रेड जोन में दो, तीन या चार कदम अंदर आते हैं, तो रेफरी बाउट में हस्तक्षेप करके पहलवानों को सेंटर पर लौटने का आदेश देता है। इसके बाद स्टैंडिंग पोजीशन में बाउट को फिर से शुरू किया जाता है।
- स्टैंडिंग पोजीशन के सभी मामलों में यदि किसी भी अटैकिंग पहलवान के कदम प्रोटेक्शन एरिया का अतिक्रमण करते हैं, ठीक इसी तरह, रेड जोन के बाहर भी तब ऐसी स्थिति में बाउट को बाधित किया जाता है और नियम लागू होते हैं।
- जब डिफेंडिंग पहलवान के पाँव प्रोटेक्शन एरिया में हों, परंतु अटैकिंग पहलवान बिना इंटरप्शन के होल्ड कैरी करता है, तो उस होल्ड को अच्छा माना जाएगा। लेकिन यदि अटैकिंग पहलवान होल्ड को कैरी नहीं कर पाता, तो रेफरी बाउट को इंटरप्ट करता है तथा नियम लागू किए जाते हैं।
- जब डिफेंडिंग पहलवान अपना कोई एक पाँव रेड जोन में रखता है, तो रेफरी ऊँची आवाज में जोन (Zone) कहता है। इस आवाज को सुनकर

पहलवान के पास उसके अलावा कोई चारा नहीं होता कि वह वापस मैट के सेंटर की ओर बिना अपना एक्शन इंटरप्टिंग करते हुए लौट जाए।

- 'Par terre' पोजीशन में कुश्ती में कोई भी एक्शन, होल्ड अथवा काउंटर अटैक कार्यान्वित किया गया अथवा रेड जोन में कार्यान्वित किया गया, अच्छा होता है। यहाँ तक कि यह प्रोटेक्शन एरिया में क्यों न खत्म होता हो।
- रेड जोन में 'पार टेरे' पोजीशन में शुरू किए गए सभी एक्शन तथा प्रोटेक्शन एरिया में कार्यान्वित होनेवाले सभी एक्शनों के लिए रेफरी तथा जज प्वॉइंट्स देते हैं (चाहे उस बाउट को इंटरप्ट क्यों नहीं किया गया हो तथा पहलवान स्टैंडिंग पोजीशन में सेंटर पर क्यों नहीं लौट आए हों)।
- 'पार टेरे' पोजीशन में कुश्ती में अटैकिंग पहलवान अपना एक्शन जारी रख सकता है, वह होल्ड को कार्यान्वित करते हुए जोन से बाहर आ जाता है, ऐसा दिखाता है कि उसके अपोनेंट का सिर तथा शोल्डर्स जोन में रहते हैं, तो इस स्थिति में यहाँ तक कि दोनों पहलवान की टाँगें मैट से बाहर हो जाती हैं।

❑

16

एक्शन तथा होल्ड्स

- बाउट्स के दौरान सिमूलेशन हटाने के क्रम में जब एक पहलवान होल्ड कार्यान्वित करने की असफल कोशिश करता है और खुद को अपने प्रतिद्वंद्वी के द्वारा बिना किसी मूव के 'पार टेरे' पोजीशन के अधीन पाता है, उस पहलवान को टेक्निकल प्वॉइंट का लाभ नहीं मिलता है।
- ऐसा कुश्ती जो बगैर रेफरी के 'पार टेरे' पोजीशन में जारी रहता है, बाउट को रोकनेवाला होता है।
- बहरहाल, यदि होल्ड के दौरान बचाव करनेवाला पहलवान (डिफेंडिंग) काउंटर अटैक कार्यान्वित करता है तथा अपने प्रतिद्वंद्वी को ग्राउंड पर लाने में समर्थ रहता है, उसे उस हिसाब से ही प्वॉइंट्स दिए जाते हैं, जैसा कि उसका एक्शन होता है।
- यदि कोई अटैकिंग पहलवान स्वयं अपने ब्रिज पर होल्ड कार्यान्वित करता है, इस पोजीशन को एक निश्चित समय तक जारी रखता है और फिर अपना एक्शन कंप्लीट करते हुए अपने प्रतिद्वंद्वी को भी ब्रिज पोजीशन में ला देता है, तो उक्त पहलवान को दंडित नहीं किया जाएगा।
- अटैकिंग पहलवान को केवल प्वॉइंट्स दिए जाते हैं, जैसा कि उसने होल्ड में जोखिम उठाते हुए एक्शन को पूरा किया होता है।
- जो भी हो, जैसा भी हो, यदि ऑफेंसिव पहलवान अपने अपोनेंट के हाथों काउंटर एक्शन के द्वारा अथवा किसी भी तरह ब्रिज पोजीशन में अंडर कंट्रोल ब्लॉक होता है, तो यह स्पष्ट हो जाता है कि प्वॉइंट्स बाद वाले

पहलवान को ही दिए जाएँगे।

बहरहाल, पहलवान जिसको होल्ड दिया गया, वह तभी केवल प्वॉइंट्स हासिल कर सकेगा, यदि इसका स्वयं का एक्शन ऐसा होगा—

— ऑफेंसिव पहलवान को ग्राउंड पर लाता होता है।
— अपना एक्शन लगातार जारी रखता है।
— ऑफेंसिव पहलवान को ब्रिज पोजीशन में लाकर उसे ब्लाक करने में अथवा उसको नियंत्रित करने में सफल रहता है, इस प्रकार से यह पोजीशन कंप्लीट माना जाए।

- रेफरी प्रत्येक सिचुएशन की समाप्ति का इंतजार करता है, खासकर इस प्रकार की सिचुएशन का, जो गुणात्मक हो तथा प्रत्येक पहलवान द्वारा प्राप्त प्वॉइंट वैल्यू पर विचार करनेवाली हो, उस पर बारीकी से नजर रखता है।
- ऐसे मामलों में जहाँ पहलवान के एक्शन उन्हें पोजीशन चेंज करने में (एक पोजीशन से दूसरी पोजीशन) मदद करते हों, उनके सभी एक्शन के लिए प्वॉइंट्स एक्शन की गुणवत्ता को ध्यान में रखकर ही दिए जाते हैं।
- तात्कालिक रूप से होनेवाले फॉल का कोई अस्तित्व नहीं होता है। यदि कोई पहलवान अपने अपोनेंट के हाथों मूव (फॉलो) करते हुए स्टैंडिंग पोजीशन से तात्कालिकता से फॉल करता है, तो अटैकर पहलवान को तीन प्वॉइंट्स दिए जाते हैं।
- यदि पहलवान अपने स्वयं के मूव के दौरान शीघ्रता से गिर जाता है (फॉल), तो उसके प्रतिद्वंद्वी को दो प्वॉइंट्स मिलते हैं।
- जब कुश्ती 'पार टेरे' पोजीशन में होता है, और जब पहलवान इंस्टैंट फॉल की स्थिति में हो, तो उसके प्रतिद्वंद्वी को दो प्वॉइंट्स दिए जाते हैं। अथवा अपोनेंट दो प्वॉइंट्स प्राप्त करता है।
- ब्रिज पोजीशन में एल्बोज का प्रयोग करते हुए एक कंधे से दूसरे कंधे तक रॉलिंग तथा ठीक इसके विपरीत,एक्शन को केवल एक एक्शन ही समझा जाता है।
- ऐसे होल्ड को तब तक एक नया एक्शन नहीं माना जाएगा, जब तक कि प्रतियोगी आरंभिक पोजीशन में आ न जाए।
- रेफरी प्वॉइंट्स का संकेत करता है। यदि जज सहमत होता है, तो वह बैट उठाता है [यह कलरफुल बैट होता है व वैल्यू (प्वॉइंट्स) भी होते हैं]

जिस पर 1, 2, 3 या 5 प्वॉइंट्स होते हैं।

- रेफरी और जज के बीच असहमति की किसी भी घटना में, मैट चेयरमैन एक या दूसरे पहलवान के पक्ष में निर्णय तैयार करता है। मैट चेयरमैन को अलग राय देने का अधिकार नहीं रहता है या ऐसा करने की उसे इजाजत नहीं है।
- फॉल की ऐसी घटना में जो नियमित समय के अंत में घटती है, केवल गोंग का साउंड ही वैलिड होता है। यहाँ रेफरी के व्हिसल का कोई मायने नहीं होता है।
- बाउट की समाप्ति पर कोई होल्ड तभी वैलिड है, जब यह गोंग साउंड से पूर्व ही पूरा कर लिया जाए, इसके विपरीत गोंग साउंड के बाद पूरा किया जाने वाला होल्ड बेकार है, क्योंकि इसकी गणना नहीं की जाती है।

खतरनाक पोजीशन

एक पहलवान खतरनाक पोजीशन में समझा जाता है, जब उसकी बैक अथवा शोल्डर्स की लाइन वर्टिकली अथवा मैट के समानांतर, कथित मैट पर 90 डिग्री से कम एक कोण बनाए, साथ ही वह अपने बॉडी के ऊपरी हिस्से को 'फॉल' से बचने के लिए रोके रखता है।

खतरनाक पोजीशन निम्नलिखित स्थितियों में समझा जाता है—

- डिफेंडिंग पहलवान पिन होने से बचने के लिए अथवा उसको अवॉयड करने के लिए ब्रिज पोजीशन अज्यूम करता है।
- डिफेंडिंग पहलवान, अपनी पीठ मैट की ओर, एक या दोनों अल्बोज के सहारे स्वयं को सँभाले रखता है, ताकि मैट पर कंधों का दबाव न बढ़ सके।
- वह पहलवान जिसका एक शोल्डर मैट के संपर्क में रहता है, तथा वह उसी समय दूसरे कंधे से 90 डिग्री वर्टिकल लाइन कायम करता है (एक्यूट एंगल)।
- वह पहलवान जो खुद को 'इंस्टैंटेनियस फॉल' (Instantaneous fall) पोजीशन में पाता है, इसी स्थिति में जब वह एक सेकेंड से भी कम समय तक दोनों शोल्डर्स पर रहता है।
- पहलवान, जो अपने शोल्डर्स के ऊपर रॉल करता है।

डेंजर पोजीशन ज्यादा समय तक नहीं होता—

- खतरनाक स्थिति ज्यादा समय तक नहीं रहती है, जब पहलवान अपनी चेस्ट तथा स्टोमेक को मैट की तरफ फेस करते हुए 90 डिग्री वर्टिकल लाइन कायम करता है।
- यदि मैट तथा प्रतियोगी की बैक केवल 90° का कोण बनाती है, हालाँकि उसको डेंजर पोजीशन में नहीं देखा जा रहा है तथा इसको न्यूट्राल प्वॉइंट भी कह सकते हैं।

प्वॉइंट्स रिकॉर्ड करना

- जज पहलवानों के द्वारा कार्यान्वित किए गए एक्शन तथा होल्ड्स के अनुसार प्राप्त प्वॉइंट्स को खास तालिका या शीट में चिह्नित करता है।
- बाउट के दौरान पहलवानों द्वारा परफॉर्म किए गए प्रत्येक एक्शन को नोट करता है।
- यूनिफॉर्म स्कोरिंग के क्रम में, यदि कोई एक्शन फॉल के करीब ले जाता है, तो वह उसे भी स्कोर शीट में सर्किल (Circle) के जरिए नोट करता है।
- अगर टेक्निकल प्वॉइंट्स का विशेष मामला बनता है, तो इसी क्रम में प्वॉइंट्स अंकित किए जाते हैं। गट रेंच की स्थिति बनने पर गट रेंच के लिए प्वॉइंट्स दिए जाते हैं, तो उन्हें अंडरलाइन कर दिया जाता है।
- फ्लींग द मैट, फ्लींग ए होल्ड, रिफ्यूजनल टू स्टार्ट, अवैध होल्ड आदि के लिए कॉथन (चेतावनी) को 0 (शून्य) से अंकित किया जाता है।
- प्रत्येक कौशन (0) के बाद अपोनेंट को स्वतः एक या दो प्वॉइंट्स के लाभ मिल जाते हैं। यह इंट्रैक्शन (Intraction) की ग्रैविटी पर निर्भर करता है।
- वह पहलवान जो होल्ड कैरी करता है, उसे 'K' मार्क दिया जाता है। साथ ही प्वॉइंट्स को सर्किल में डाल दिया जाता है।

ग्रैंड अंप्लीच्यूड थ्रो

कोई एक्शन या होल्ड जब कोई पहलवान स्टैंडिंग पोजीशन में परफॉर्म करता है, तो ग्रैंड अंप्लीच्यूड (थ्रो) में होना समझा जाता है, जब—

- ऐसा कारण दिखे कि उसका अपोनेंट ग्राउंड के साथ पूरा संपर्क खो देता है, उसको सँभाले रखता है, उसको हवा में स्वीपिंग कर्व में रखता है,

और उसको सीधा तथा शीघ्र डेंजर पोजीशन में ग्राउंड पर लाता है।

- 'पार टेरे' पोजीशन में अटैकिंग पहलवान के द्वारा कार्यान्वित किया गया ग्राउंड से कोई भी कंप्लीट लिफ्ट, जो अटैक्ड पहलवान को पेट के बल गिरा दे (3 प्वॉइंट्स) अथवा उसे डेंजर पोजीशन (5 प्वॉइंट्स) में लाता है, तो उसको भी ग्रैंड अंप्लीच्यूड थ्रो में विचार किया जाता है।

नोट : यदि कोई पहलवान अपने दोनों शोल्डर्स से मैट को स्पर्श करते हुए ग्रैंड अंप्लीच्यूड होल्ड कार्यान्वित करता है, तो उसे तीन या पाँच प्वॉइंट्स मिलते हैं, जबकि उसके अपोनेंट को दो प्वॉइंट्स मिलते हैं। कारण कि इस तरह के थ्रो से इंस्टैंटेनिअस फॉल होता है।

एक्शन तथा होल्ड्स के लिए प्वॉइंट्स का निर्धारण

प्वॉइंट-1

1. प्वॉइंट उस पहलवान को मिलता है—

- जो अपने अपोनेंट (प्रतिद्वंद्वी) को उसके पीछे पासिंग के जरिए ग्राउंड पर लाता है, और इस पोजीशन में लाते हुए उस पर नियंत्रण बनाए रखता है (इस क्रम में संपर्क के तीन बिंदुओं पर फोकस रहता है, दो बाँह और एक घुटना अथवा दो घुटने तथा एक बाँह)।
- जो मैट पर खड़ा होते हुए करेक्ट होल्ड बनाता है अथवा 'पार टेरे' पोजीशन में करेक्ट होल्ड स्थापित करता है, लेकिन जो अपने प्रतिद्वंद्वी को संकट में नहीं डालता है।
- जो अपने अपोनेंट को उसके पीछे पासिंग द्वारा नियंत्रण में रखता है।
- उस पहलवान को जो अपने प्रतिद्वंद्वी को एक अथवा दोनों आउट स्ट्रैच्ड भुजाओं में जकड़कर रखता है, (उसकी पीठ मैट की तरफ होनी चाहिए)।
- जो होल्ड कंप्लीट इसलिए नहीं कर पाता कि उसका प्रतिद्वंद्वी अनियमित होल्ड को मेंटेन कर रहा होता है, पर जो अंततः होल्ड कंप्लीट करने में सफल रहता है।
- जिसका प्रतिद्वंद्वी होल्ड को फ्ली कर जाता है, मैट को फ्लींग करता है, शुरू करने में इनकार करता है अथवा अवैध तरीके से एक्शन परफॉर्म करता है, या कठोरता का प्रदर्शन करता है, आदि।
- जो अपने प्रतिद्वंद्वी को पाँच सेकेंड अथवा इससे ज्यादा समय तक डेंजर

की पोजीशन में लाए रखता है।

- जिसका अपोनेंट प्रोटेक्शन जोन में एक कदम चला जाता है।
- ऐसे पहलवान को एक प्वॉइंट का लाभ मिलता है, जिसका प्रतिद्वंद्वी नियमित रूप से क्लिंच लेने से मना कर देता है।
- इंजूरी (बगैर ब्लीडिंग के) आधार पर खत्म किए गए बाउट्स में प्रतिद्वंद्वी पहलवान को 1 प्वॉइंट से दंडित किया जाता है।

प्वॉइंट्स-2

- ऐसे पहलवान को, जो करैक्ट होल्ड रखता है, जब वह 'पार टेरे' पोजीशन में कुश्ती करता है तथा अपने प्रतिद्वंद्वी को डेंजर पोजीशन अथवा इंस्टैंटेमिनस फॉल पोजीशन में लाता या रखता है, तो उसे दो प्वॉइंट्स दिए जाते हैं।
- उस अटैकिंग पहलवान को दो प्वॉइंट्स मिलते हैं जिसका प्रतिद्वंद्वी अपने कंधों के ऊपर रॉल करने लग जाए।
- उस अटैकिंग पहलवान को दो प्वॉइंट्स प्राप्त होते हैं, जिसका अपोनेंट खतरे की स्थिति में मैट को जंप करते हुए होल्ड को 'फ्ली' कर दे।
- उस अटैकिंग पहलवान को 2 प्वॉइंट्स मिलते हैं, जिसका प्रतिद्वंद्वी पहलवान जानबूझकर उसको होल्ड कंप्लीट करने से रोकने के प्रयास में खुराफाती तरीके से स्वयं होल्ड में प्रवृत्त रहता है अथवा उस फॉल को, जो उसने शुरू किया था, को पूरा नहीं होने देने के लिए स्वयं इलीगल होल्ड में लगा रहता है।
- ऐसे डिफेंडिंग पहलवान को दो प्वॉइंट्स दिए जाते हैं, यदि अटैकिंग पहलवान इंस्टैंटेनियस फॉल पोजीशन में चला जाए अथवा होल्ड कार्यान्वित करने के क्रम में अपने शोल्डर्स को रॉल करने लग जाता है।
- ऐसे पहलवान को दो प्वॉइंट्स दिए जाएँगे, जो अपने प्रतिद्वंद्वी को स्टैंडिंग पोजीशन से डेंजर की पोजीशन में होल्ड को कार्यान्वित करने से रोक दे।

प्वॉइंट्स-3

- ऐसे पहलवान को तीन प्वॉइंट्स मिलते हैं, जो स्टैंडिंग पोजीशन में होल्ड परफॉर्म करते हुए अपने प्रतिद्वंद्वी को शार्ट अंप्लीच्यूड पर डायरेक्ट प्रोजेक्शन के जरिए डेंजर पोजीशन में ला सके।
- शार्ट अंप्लीच्यूड पर (यहाँ तक कि अटैकिंग पहलवान के एक या दोनों

घुटने जमीन पर रहते हैं) जमीन से उठते हुए पहलवान के द्वारा कार्यान्वित किए गए किसी भी होल्ड के लिए उसे 3 प्वॉइंट्स मिलेंगे।

ऐसे पहलवान को—

जो ग्रेंडी अंप्लीच्यूड होल्ड को कार्यान्वित करता है (जो अपोनेंट को डायरेक्ट तथा इमीडिएट डेंजर पोजीशन में न ला सके)।

नोट : यदि, होल्ड परफॉर्मिंग में, डिफेंडिंग पहलवान अपने दोनों हाथों में से किसी एक हाथ से मैट के संपर्क में रहता है, लेकिन शीघ्र ही डेंजर पोजीशन में चला जाए, तो अटैकिंग पहलवान को तीन प्वॉइंट्स मिलेंगे।

प्वॉइंट्स-5

- स्टैंडिंग पोजीशन में किए गए सभी ग्रैंडी अंप्लीच्यूड थ्रोज, जो डिफेंडिंग पहलवान को डायरेक्ट तथा इमीडिएट डेंजर पोजीशन में ला सके।
- 'पार टेरे' पोजीशन में पहलवान द्वारा किया गया होल्ड, जो पूरी तरह से अपने प्रतिद्वंद्वी को ग्राउंड से ऊपर उठा दे, बशर्ते इसे ग्रैंडी अंप्लीच्यूड थ्रो के साथ किया गया हो, जो अपोनेंट को डायरेक्ट तथा इमीडिएट डेंजर पोजीशन में प्रोजेक्ट करता है।

❑

क्लासिफिकेशन प्वॉइंट्स

क्लासिफिकेशन प्वॉइंट्स ऐसे पहलवान को दिए जाते हैं, जो अपने फाइनल क्लासिफिकेशन के लिए आश्वस्त होता है।

बाउट की समाप्ति पर क्लासिफिकेशन प्वॉइंट्स—

- विजेता को 5 प्वॉइंट्स
- लूजर के लिए 0 प्वॉइंट

विजय का आधार—

- फॉल (टेक्निकल प्वॉइंट के साथ या बगैर उसके, लूजर के लिए)
- इंजूरी
- विदड्रॉवल
- डिफॉल्ट
- अयोग्यता
- तीन कौशंस (प्रतिकूल नियम भूल)।

विजेता को 4 प्वॉइंट्स, लूजर को 0 प्वॉइंट

तकनीकी वरीयता के आधार पर जीत, लूजर को कोई टेक्निकल प्वॉइंट प्राप्त नहीं होता··

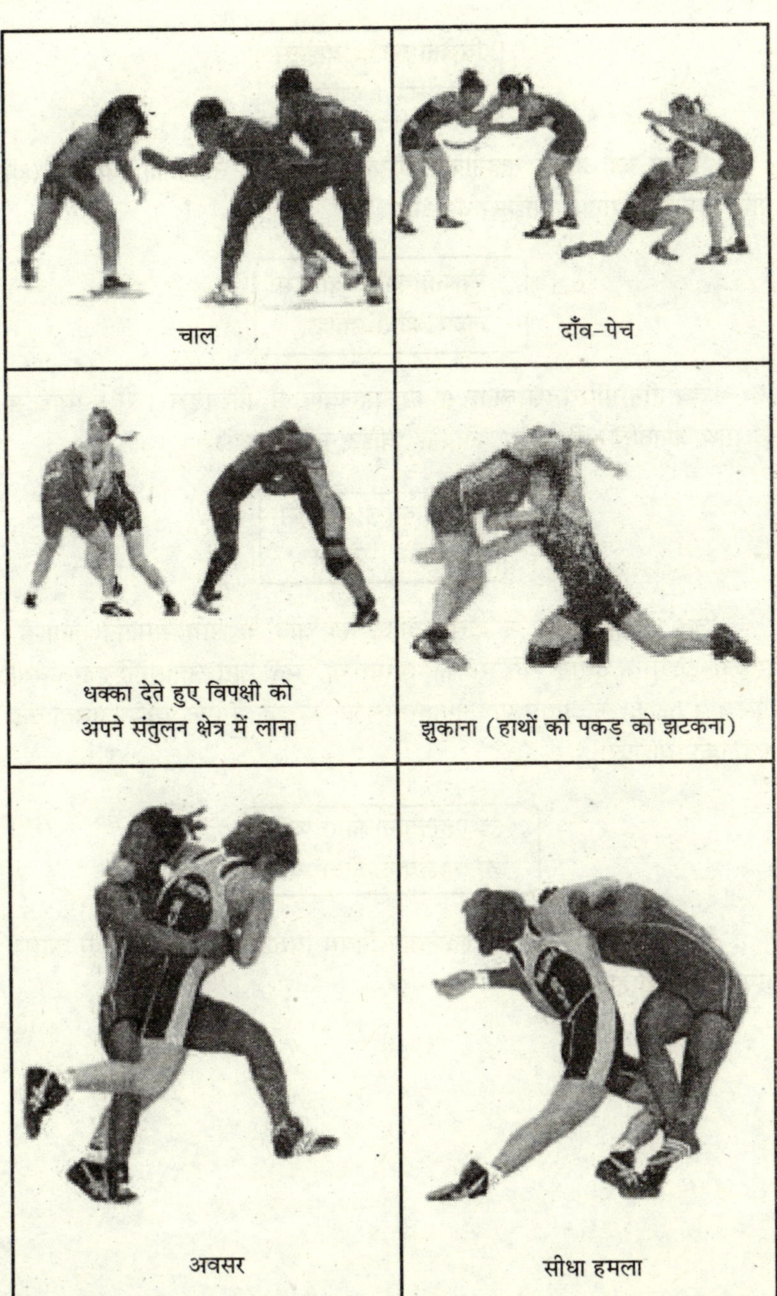

चाल

दाँव–पेच

धक्का देते हुए विपक्षी को
अपने संतुलन क्षेत्र में लाना

झुकाना (हाथों की पकड़ को झटकना)

अवसर

सीधा हमला

विजेता को 4 प्वॉइंट्स
लूजर को 1 प्वॉइंट

विजय का आधार तकनीकी वरीयता, लूजर को तकनीकी प्वॉइंट्स (दो पीरियड्स के दौरान 6 प्वॉइंट्स का अंतर)

विजेता को 3 प्वॉइंट्स
लूजर को 0 प्वॉइंट

जब तीन पीरियड्स बाहर रहकर पहलवान दो पीरियड्स 1 से 5 प्वॉइंट्स के साथ जीतता है और लूजर को कोई प्वॉइंट नहीं मिलता।

विजेता को 3 प्वॉइंट्स
लूजर को 1 प्वॉइंट

जब दो पीरियड्स के दौरान बाउट का जीत के साथ समापन होता है, रेग्युलर टाइम के दौरान प्वॉइंट्स का आधार या इसके द्वारा जीत निश्चित अथवा क्लिंच (Clinch) के आधार पर जीत तथा लूजर के खाते में एक प्वॉइंट अथवा कई तकनीकी प्वॉइंट्स:

रेड पहलवान को 0 प्वॉइंट
ब्लू पहलवान को 0 प्वॉइंट

ऐसे मामले में जब दोनों पहलवान नियम विरुद्ध आचरण करने के कारण अयोग्य साबित होते हैं।

❑

18

फॉल

जब डिफेंसिव पहलवान अपने प्रतिद्वंद्वी के द्वारा जकड़ लिया जाता है (यह वह स्थिति होती है, जब एक निश्चित समय में मैट पर उसके दोनों शोल्डर्स प्रतिद्वंद्वी की गिरफ्त में आ जाते हैं), ऐसे में रेफरी फॉल के पूर्ण नियंत्रण को ऑब्जर्व करता है तथा नतीजे को 'फॉल' होना समझा जाता है।

फॉल के लिए यह जरूरी है कि वह मैट के किनारे पर घटित हो, तभी इसको स्वीकार किया जाता है। प्रतियोगी के कंधे पूरी तरह रेड जोन में होते हैं तथा उसके सिर का स्पर्श प्रोटेक्शन एरिया से न हो।

- प्रोटेक्शन एरिया में फॉल की गणना नहीं की जाती है।
- यदि कोई पहलवान दोनों कंधों पर 'पिन' होता है, तो ऐसा समझा जाता है कि यह नियम के विरुद्ध है अथवा यह एक इलीगल होल्ड मान लिया जाता है, जिसके लिए वह स्वयं जिम्मेवार होता है। ऐसे में फॉल को उसके प्रतिद्वंद्वी के पक्ष में माना जाता है।
- रेफरी के द्वारा ऑब्जर्व किया गया फॉल मान्य होगा, बशर्ते जज अथवा मैट चेयरमैन की सहमति प्राप्त होता है। दोनों में से किसी एक की सहमति आवश्यक है।
- यदि रेफरी फॉल का इशारा नहीं करता है, जबकि वह यथार्थ में एक फॉल था, तो इस फॉल की घोषणा जज तथा मैट चेयरमैन की सहमति के बाद की जाती है।
- किसी पहलवान के दोनों कंधे स्टॉपेज की शॉर्ट पीरियड के दौरान मैट को

स्पर्श करते रहने चाहिए, यहाँ तक कि स्टैंडिंग रीयर बॉडी लॉक ऐंड लिफ्ट के केस में भी। ऐसे सभी मामलों में रेफरी तभी मैट को स्ट्राइक करेगा, जब जज से इसकी हरी झंडी मिल जाती है, अगर जज ने सहमति प्रदान नहीं की, तो मैट चेयरमैन से कन्फर्मेशन प्राप्त होते ही वह ऐसा कर देता है। इसके बाद वह सीटी बजाकर बाउट के समापन का आदेश सुनाता है।

तकनीकी वरीयता

- फॉल, डिफॉल्ट अथवा अयोग्यता के अलावा बाउट की नियमित समय से पहले रोकने का एक और आधार होता है, वह है, जब पहलवान के बीच 6 प्वॉइंट्स का अंतर हो।
- बाउट को एक्शन (इमीडिएट अटैक अथवा काउंटर अटैक) कंप्लीट होने तक बाधित नहीं किया जा सकता, चाहे तकनीकी वरीयता के आधार पर विजेता की घोषणा करने की जरूरत क्यों न आ जाए, जब तक वह पूर्ण नहीं हो जाता, उसमें हस्तक्षेप नहीं किया जा सकता है।
- मैट चेयरमैन रेफरी को सिगनल देता है, जब वह 6 प्वॉइंट्स का अंतर देखता है। इसके बाद रेफरी ऑफिसियल टीम के सदस्यों के साथ मंत्रणा करके विजेता की घोषणा करता है।

यह एक पीरियड के लिए होता है अथवा मैच के लिए भी हो सकता है, जिसमें पहलवान ने वरीयता के आधार पर दो प्वॉइंट्स जीता होता है।

❑

19

क्लिंच के सामान्य सूत्र

ऐसे अपवाद मामले में जहाँ बिना टेक्निकल (अंक) प्वॉइंट (0-0) के पीरियड समाप्त होता है, पीरियड के समाप्त होने पर (रेग्युलर समय के पश्चात्) क्लिंच का आदेश दिया जाता है। यह सभी कुश्ती स्टाइल्स तथा सभी उम्र वर्गों के लिए होता है।

रेफरी यह निश्चित करने के लिए (जिसमें पहलवान, जो क्लिंच शुरू करना चाहते हैं) अचानक, बिना सोचे-समझे 'ड्रा' की शुरुआत करता है। यह क्लिंच अधिकतम तीस सेकेंड्स का होता है।

फ्री स्टाइल में क्लिंच तथा वीमेन कुश्ती दोनों ही उसके पहलवान द्वारा अपने प्रतिद्वंद्वी की टाँग पकड़ते हुए जारी किया जाता है (कैरी किया जाता है), जिसने टॉस जीता होता है।

- क्लिंच के नियमों के अनुसार, यह प्रत्येक स्टाइल में तीस सेकेंड से ज्यादा समय तक नहीं होगा।
- यदि क्लिंच के विजेता ने होल्ड को कार्यान्वित नहीं किया, तो उसे कॉशन (0) दिया जाता है, जबकि उसके प्रतिद्वंद्वी को एक टेक्निकल प्वॉइंट मिलता है।
- जो पहलवान एक प्वॉइंट प्राप्त करता है, वही विजेता घोषित किया जाता है।
- यदि कोई पहलवान मैट छोड़ता है, तथा रेफरिंग बॉडी इस बात से आश्वस्त होता है कि वही पहला पहलवान था, जिसने मैट के बाहर एक कदम रखा, तो सेक्शन सीधा लागू किया जाएगा, यानी कॉशन के लिए 0 प्वॉइंट,

प्रतिद्वंद्वी को एक प्वॉइंट।

- यदि दोनों पहलवान प्रोटेक्शन जोन में एक कदम रखते हुए उसी समय पर क्लिंच छोड़ते हैं, तो रेफरिंग बॉडी यह निर्धारित करता है कि कौन पहलवान फॉल्ट पर था तथा सेक्शन लागू होता है—कॉशन (0) तथा 1 प्वॉइंट।
- क्लिंच की स्थिति में जोखिम के नियम लागू नहीं होते हैं तथा पहलवान जो स्वयं को अंडरनीथ अथवा डोमिनेटेड पाता है, प्वॉइंट्स खो देता है और मैच को समाप्त कर दिया जाता है।
- यदि कोई पहलवान अपने अपोनेंट को मैट के बाहर बिना उसके पाँवों को ग्राउंड से स्पर्श कराए कैरी करता है (अर्थात् उठाकर ले जाता है), उसे कॉशन प्राप्त होगा तथा प्रतिद्वंद्वी पहलवान को एक प्वॉइंट का लाभ मिलता है।
- जब स्कोर प्रथम पीरियड की समाप्ति पर 0-0 होता है, तो पहलवान को क्लिंच कैरी करना होता है (उस पहलवान को क्लिंच कैरी करने की जरूरत पड़ती है, जिसने सिक्का उछालकर (Coin tossing) चुना होता है (अर्थात् इसको करने का फैसला करता है)

ग्रीको-रोमन कुश्ती में क्लिंच पोजीशन

यदि एक पीरियड के बाद क्लिंच का आदेश दिया जाता है, तो रेफरी पहलवानों से क्लिंच पोजीशन (चेस्ट अगेंस्ट चेस्ट) में आने को कहता है। रेफरी को यह देखना होता है कि दोनों पहलवान स्टार्ट पोजीशन में आ गए हैं। इसके तहत नियमानुसार वे मैट के सेंटर पर आ जाते हैं। पहलवानों के पाँव 1 मी. डॉयमीटर सेंट्रल सर्किल में होने चाहिए। इसके बाद रेफरी अगला आदेश देता है।

- वह पहलवान जो टॉस जीतता है, अपने प्रतिद्वंद्वी को अपने कंधों के नीचे, बिना उसकी बाँह मरोड़े (ग्रैविंग) जकड़ लेता है। उससे पहले दोनों पहलवान मैट के बीच में 'चेस्ट अगेंस्ट चेस्ट' पोजीशन में स्थान ग्रहण किए होते हैं।
- पहलवान जिसने टॉस जीता होता है, वह अपने प्रतिद्वंद्वी को उसकी पोजीशन से उठा लेने के तुरंत बाद अपना एक्शन शुरू कर देता है। यह होल्ड शरीर के समस्त हिस्से पर (शोल्डर्स के नीचे से बैल्ट के टॉप तक) देखा जा सकता है। ऐसा होना आवश्यक है।
- जब पहलवान टॉस जीत लेता है, तो उसके तुरंत बाद रेफरी और जज सीटी बजाकर मैच की शुरुआत कर देते हैं।

फ्री स्टाइल कुश्ती में क्लिंच पोजीशन

फ्री स्टाइल में रेफरी, पहलवानों में से कौन होल्ड शुरू करेगा, यह निर्धारित करने के लिए टॉस करता है, जो पहलवान टॉस हार जाता है, वह मैट पर लगे डाउन (स्थान या पोजीशन) होता है। ठीक सर्किल के सेंटर में।

जिस पहलवान ने टॉस जीता होता है, यह अपने प्रतिद्वंद्वी की टाँग (दोनों बाहों समेत) पकड़ता है, रेफरी की सीटी गूँजती है और दोनों पहलवान कुश्ती आरंभ कर देते हैं।

जिस पहलवान ने टॉस जीता होता है, उसे रेफरी को टाँग की स्थिति दिखानी होती है, जब वह होल्ड कर रहा होता है। (वह पैर या टाँग जिसे उसके प्रतिद्वंद्वी ने सेंट्रल सर्किल के मध्य में रखा होता है, यह जानने के लिए कि बाईं टाँग है या दाईं)।

❑

20

निषेध और अवैध होल्ड्स

पहलवान को ऐसा करना मना है अथवा यह कह सकते हैं कि निषेध है—

- बाल खींचना।
- कान ऐंठना या खींचना।
- जननेंद्रियों को दबोचना।
- स्किन पिंच करना।
- दाँत से काटना।
- अंगुलियों को मरोड़ना।
- टोज को ट्विस्ट करना।

इस तरह के एक्शन, गेस्चर्स अथवा होल्ड जिसमें अपोनेंट को टॉर्चर करने का उद्देश्य स्पष्ट होता हो।

- प्रतिद्वंद्वी को झटके से खींचना, जिसमें उसे दर्द की अनुभूति होती हो।

किक,
हेड-बट
स्ट्रैंग्ल
पुश

उपरोक्त चारों तरीके से किया गया होल्ड, जो प्रतिद्वंद्वी के जीवन को खतरे में डाल दे अथवा फ्रैक्चर का कारण बने अथवा लिंबस का डिसलोकेशन होता हो—

- प्रतिद्वंद्वी के पाँवों पर पैर रखना।
- प्रतिद्वंद्वी के भौहों तथा मुख की लाइन के बीच उसके चेहरे को छूना या हाथ लगाना।
- प्रतिद्वंद्वी के पेड़ू अथवा पेट में कोहनी अथवा घुटने लगाना।
- कोई भी ऐसा ट्विस्ट एक्शन कैरी करना, जो प्रतिद्वंद्वी के दुःख अथवा पीड़ा का कारण बने।
- प्रतिद्वंद्वी को उसकी सिंग्लेट के द्वारा (पकड़कर सिंग्लेट) पकड़ना।
- मैट को पकड़ना अथवा क्लिंग करना।
- बाउट के दौरान बातचीत।
- प्रतिद्वंद्वी के पाँव के सोल को सीज करना (केवल पाँव के ऊपरी भाग अथवा एड़ी को सीज किया जा सकता है)।
- दोनों पहलवानों के बीच मैच रिजल्ट की सहमति आदि पूरी तरह निषेध व अवैध हैं।

फ्लींग अ होल्ड

'फ्लींग अ होल्ड' तब होता है, जब डिफेंडिंग पहलवान खुलेआम अपने प्रतिद्वंद्वी को, होल्ड को कार्यान्वित करने अथवा इसकी शुरुआत करने से बचाने के क्रम में कांटेक्ट रिफ्यूज कर देता है। ये स्थितियाँ प्रायः स्टैंडिंग तथा 'पार टेरे', दोनों पोजीशन में उभरकर आती हैं। वे घटनाक्रम सेंट्रल कुश्ती एरिया में हो सकते हैं अथवा सेंट्रल कुश्ती एरिया सें रेड जोन तक घटित हो सकते हैं।

फ्लींग अ होल्ड को उसी तरह से पेनालाइज (दंडित) किया जाएगा, जिस तरह से 'फ्लींग द मैट' में दंड का प्रावधान है। यह इस प्रकार है—

- एक कॉशन पहलवान के विरुद्ध फॉल्ट पर (0)।
- प्रतिद्वंद्वी को एक प्वॉइंट।

ग्रीको-रोमन कुश्ती में ग्राउंड पर

जब एक पहलवान अपने प्रतिस्पर्द्धी द्वारा एक्शन के क्रम में (फॉलो करते हुए) ग्राउंड पर रहता है और तब वह स्वयं को पकड़े जाने से बचाने के लिए (होल्ड के क्रम में) आगे की ओर जंप करता है, वह अपने प्रतिस्पर्द्धी को अवैध होल्ड करने की स्थिति में ला खड़ा करता है (जैसे एस्कैपिंग पहलवान की जाँघों को पकड़ते हुए), ऐसी स्थिति को फ्लींग ऑफ अ होल्ड की श्रेणी में समझा जाता है।

रेफरी ऐसी स्थिति की अनुमति नहीं देता है, जो फ्लींग द होल्ड का ऑफेंस बन सके (फ्लींग पहलवान के द्वारा)।

रेफरी ऐसे मामलों में काफी सजग व चुस्त रहता है। उसका दृष्टिकोण काफी साफ रहता है। वह मैनर को ऑब्जर्व करते हुए उसी तरह से ऑफेंस की डील करता है—

- पहली बार रेफरी तेजी से वार्न करता है—'अटैंशन, नो जंप', जब पहलवान, जो ग्राउंड पर होता है और स्वयं को प्रतिस्पर्द्धी द्वारा दबोचे जाने से बचाने के लिए आगे की ओर जंप करता है।
- दूसरी बार, रेफरी 'कॉशन तथा एक प्वॉइंट' का अनुरोध कर सकता है (फ्लींग द होल्ड के लिए) वह जज तथा मैट चेयरमैन की सहमति से मैच को रोकने का आदेश देता है और पहलवानों को खड़ा करता है, ऑफेंस का सिग्नल देता है और पुनः स्टैंडिंग पोजीशन में मैच को शुरू कराता है।
- यह पद्धति, या एक्शन जब पहलवान आगे की ओर जंप करता है, फ्लींग द होल्ड (के लिए) दंडनीय माना जाता है। क्योंकि होल्ड को डालने अथवा बचाने के लिए अधिकृत डिफेंस ऑफ मूविंग मंजूर नहीं किया जाता है।
- वह पहलवान, जो ग्राउंड पर डोमिनेटेड होता है, कार्यान्वित हो रहे होल्ड से बचाने या रोकने के लिए न तो झुक सकता है, न उठ सकता है और न ही अपनी दोनों टाँगों में से कोई एक अथवा दोनों उठाने का अधिकार रखता है।
- यदि ग्राउंड पर डोमिनेटेड पहलवान डिफेंस के तौर पर अपनी टाँगों का प्रयोग करता है, तो उसे कॉशन (0 प्वॉइंट) तथा प्रतिद्वंद्वी पहलवान को 2 प्वॉइंट दिए जाएँगे।

स्टैंडिंग

वह पहलवान जो फ्री स्टाइल तथा ग्रीको–रोमन कुश्ती में कॉन्टैक्ट रिफ्यूज करता है अथवा जो कॉन्टैक्ट का ढोंग या बहाना प्रदर्शित करता है, ऐसी स्थिति में यह समझा जाता है कि वह 'चीट' कर रहा है तथा कुश्ती की स्पिरिट के विरुद्ध आचरण करना माना जाएगा।

ऐसी स्थिति में रेफरी सर्वप्रथम उसे सामान्य तौर पर आग्रह करके कहता

है—'रेड कांटैक्ट' (यदि रेड पहलवान ने ऐसा किया है) अथवा 'ब्लू कॉन्टैक्ट' (यदि ब्लू पहलवान ने चीट किया है, तो)।

यदि पहलवान इसके बावजूद भी या अब भी कॉन्टैक्ट रिफ्यूज कर देता है, तो उसे 'कॉशन' का सामना करने के लिए तैयार रहना होगा। रेफरी ऐसे कॉन्टैक्ट रिफ्यूज करनेवाले पहलवान को कॉशन (0 प्वॉइंट) तथा प्रतिद्वंद्वी पहलवान को 'फ्लींग द होल्ड' के लिए एक प्वॉइंट देता है। इस बाउट को रोकने के बाद रेफरी अथवा अधिकारियों के आदेश से पुनः स्टैंडिंग पोजीशन में बाउट को आरंभ किया जाता है।

फ्लींग द मैट

जब कोई पहलवान मैट फ्लींग करता है, चाहे वह स्टैंडिंग पोजीशन से हो अथवा 'पार टेरे' पोजीशन से, तुरंत ही कॉशन लागू हो जाता है, उस पहलवान के खिलाफ जो फॉल्ट पर होता है।

अटैकिंग पहलवान को निम्न तरीके से प्वॉइंट्स दिए जाएँगे—

फ्लींग द मैट के लिए

एक प्वॉइंट+एक कॉशन, अपोनेंट के विरुद्ध (0)

डेंजर पोजीशन में फ्लींग द मैट

दो प्वॉइंट्स+कॉशन (अपोनेंट के विरुद्ध 0)

नोट : फ्लींग द मैट के लिए सभी प्वॉइंट्स टेक्निकल प्वॉइंट समझे जाते हैं।

अवैध होल्ड्स

निम्नलिखित होल्ड्स तथा एक्शन पर पूरी तरह निषेध है, जो अवैध भी हैं—

- गला पकड़ना अथवा गले में हाथ लगाना।
- बाँहों को मरोड़ना (90 डिग्री से ज्यादा)।
- Forearm (फोरआर्म) के लिए आर्म लॉक किया गया।
- दोनों हाथों से सिर अथवा गरदन को दबोचना।
- स्ट्रैंगुलेशन की सभी स्थितियाँ व पोजीशन।
- डबल नेल्सन, यदि प्रतिद्वंद्वी के शरीर के किसी भी भाग पर टाँगों का इस्तेमाल किए बिना साइड से नहीं किया गया तो।
- प्रतिद्वंद्वी की बाँह को उसकी बैक तक ले जाना अथवा खींचना तथा इसी

समय दबाव में ऐसी स्थिति बन जाए कि फोर आर्म्स एक एक्यूट एंग्ल बनाता है।

- प्रतिद्वंद्वी के स्पाइनल कॉलम को स्ट्रेच करते हुए होल्ड कार्यान्वित करना।
- किसी भी दिशा में (जो लागू हो) एक अथवा दोनों हाथों से Chancery होल्ड।
- केवल उन्हीं होल्डों को मंजूरी मिलती है, जो सिर तथा एक बाँह से परफॉर्म होता है।
- स्टैंडिंग में होल्ड बगल से कार्यान्वित किए जाते हैं, जब प्रतिद्वंद्वी हेड डाउन होता है (रिवर्स वेस्ट होल्ड), ऐसी स्थिति में फॉल साइड में कार्यान्वित किया जाना चाहिए तथा ऊपर से नीचे कभी नहीं कार्यान्वित होना चाहिए।
- होल्ड कार्यान्वित करने के क्रम में केवल एक बाँह का प्रयोग होता है। एक बाँह से पहलवान प्रतिद्वंद्वी का सिर अथवा गरदन पकड़ता है।
- ब्रिज पोजीशन में रहे अपोनेंट को उठाना तथा फिर उसे मैट पर उछालना, इस तरह का ब्रिज घातक होता है।
- सिर के डायरेक्शन में पुश करते हुए ब्रिज को तोड़ना।
- सामान्य तौर पर यदि अटैकिंग पहलवान होल्ड कार्यान्वित करने के दौरान रूल्स का उल्लंघन करते पाया जाता है, इस तरह का एक्शन पूरी तरह अवैध है तथा पहलवान का फॉल्ट माना जाता है। उसे नियमानुसार दंडित किया जाता है (कॉशन)।
- यदि अटैकर अपने वॉयलेंस को दोहराता जाता है (नियमों को तोड़ता जाता है अथवा रूल्स का उल्लंघन करता जाता है), तो उसे 'कॉशन' के जरिए दंडित किया जाता है।
- ऐसी स्थिति में प्रतिद्वंद्वी को एक प्वॉइंट का लाभ मिलेगा।
- यदि डिफेंडिंग पहलवान इलीगल एक्शन के जरिए अपने प्रतिद्वंद्वी को होल्ड करने से रोकता है, तो डिफेंडिंग पहलवान को कॉशन मिलता है, जबकि उसके प्रतिद्वंद्वी को दो प्वॉइंट्स का लाभ प्राप्त होगा।

रेफरी की बाउट के दौरान वायलेशन रोकने की जवाबदेही तथा उसके कर्तव्य व अधिकार

रेफरी पर बहुत बड़ी जिम्मेदारी होती है। वह बाउट के दौरान पहलवान पर कड़ी नजर रखता है, उनके एक्शन व होल्ड्स पर ध्यान देता है, रेफरी यह देखता है कि सबकुछ नियमानुसार चल रहा है अथवा नहीं।

गेम में वॉयलेंस भी होते हैं, वह चाहे रूल्स तोड़ने का वॉयलेंस हो अथवा प्रतिद्वंद्वी को जख्मी करने का वॉयलेंस, यह निंदनीय व दंडनीय होता है। ऐसे में रेफरी की भूमिका काफी महत्त्वपूर्ण हो जाती है।

आइए, इस पर एक नजर डालते हैं कि रेफरी वॉयलेशन रोकने के क्रम में क्या-क्या कदम उठाता है—

यदि पहलवान एक्शन कैरी करे तो, रेफरी—

- वॉयलेशन रोकता है।
- पहलवान पर दबाव बनाता है, होल्ड को रीलिज करने का, यदि वह खतरनाक है।
- पहलवान से 'कॉशन' कहता है।
- प्रतिद्वंद्वी को एक प्वॉइंट देता है।
- होल्ड के अनुसार उसका मूल्यांकन करता है।
- पहलवान के प्रतिद्वंद्वी को लाभ पहुँचाता है, वह चाहे सैद्धांतिक तौर पर हो अथवा तकनीकी स्तर पर।
- मैच रोक देता है।
- जहाँ मैच बाधित किया था, वहीं से पुनः उसी पोजीशन में आरंभ करवाता है (पोजीशन सिचुएशन पर निर्भर करता है)।

यदि पहलवान अपना एक्शन कैरी नहीं कर पाता तो रेफरी—

- मैच रोकता है तथा 'कॉशन' के लिए पूछता है।
- पहलवान के प्रतिद्वंद्वी को दो प्वॉइंट्स देता है।
- जहाँ मैच बाधित किया था, वहीं से पुनः उसी पोजीशन में आरंभ करने का आदेश देता है (पोजीशन सिचुएशन पर निर्भर करता है)।

स्कूली छात्र तथा कैडेट वर्ग के लिए निषेध होल्ड्स

नौजवान पहलवानों के स्वास्थ्य की रक्षा करने के लिए निम्नलिखित होल्ड्स को अवैध श्रेणी में माना जाता है तथा यह स्कूली छात्र व कैडेट वर्ग के लिए पूरी तरह निषेध है—

- डबल नेल्सन (फ्रंट तथा साइड दोनों से)।
- फ्री स्टाइल कुश्ती में, प्रतिद्वंद्वी की टाँग पर टाँग रखना (लेग हुक), यह डबल नेल्सन की ओर इशारा करता है।

खास निषेध

ग्रीको-रोमन कुश्ती में—

- प्रतिद्वंद्वी पहलवान के हिप्स के नीचे जकड़ना या हाथ लगाना या पकड़ना मना है।
- प्रतिद्वंद्वी को टाँगों से 'सक्विज' (Squeeze) नहीं किया जा सकता।
- प्रतिद्वंद्वी के शरीर के किसी भी भाग पर टाँगों से प्रहार करना निषेध है।
- कॉन्टैक्ट के अर्थ में प्रतिद्वंद्वी को पुश करना अवैध है।
- प्रतिद्वंद्वी को 'प्रेस' करते हुए (निषेध) कॉन्टैक्ट
- प्रतिद्वंद्वी को लिफ्ट करते हुए (निषेध) कॉन्टैक्ट, इन पर सख्त पाबंदी है।
- ग्रीको-रोमन कुश्ती में, फ्री स्टाइल कुश्ती में (अनलाइक), यह आवश्यक होता है कि पहलवान अपने प्रतिद्वंद्वी के साथ ग्राउंड शेयर करे तथा होल्ड के क्रम में उसके साथ कॉन्टैक्ट में बना रहे, तभी वह वैलिड माना जाएगा।

फ्री स्टाइल कुश्ती में—

- सीजर लॉक (फीट) अर्थात् टाँगों को कैंचीनुमा कर लेना सख्त मना है।
- सिर पर क्रॉसिंग टाँगों का होना या सीजर-लॉक पर सख्त पाबंदी है।
- नाक पर सीजर-लॉक या कैंची (चाहे जैसे भी हो) पर सख्त पाबंदी है।
- बॉडी पर सीजर-लॉक या कैंची पर सख्त पाबंदी है।

स्मरणीय

- अटैक्ड पहलवान का इलीगल होल्ड, यदि संभव है, तो होल्ड को इंटरप्ट किए बिना रेफरी द्वारा रोका जा सकता है।
- यदि वहाँ कोई खतरेवाली बात नहीं है, तो रेफरी होल्ड को विकसित करने की अनुमति प्रदान कर देता है और रिजल्ट का इंतजार करता है।
- रेफरी मैच रोककर प्वॉइंट्स देता है।
- जो पहलवान फॉल्ट पर होता है, उसको 'कॉशन' देता है।
- यदि होल्ड उचित तरीके से शुरू होता है और बाद में इलीगल रूप ले लेता है, तो होल्ड का Evaluation होगा, जब तक कि यह इलीगल स्थिति में प्रवेश न कर जाए।
- इसके बाद मैच को रोकने का आदेश दिया जाता है।
- अटैकिंग पहलवान के साथ स्टैंडिंग पोजीशन में कुश्ती को पुनः जारी किया जाएगा।

- इससे पहले अटैकिंग पहलवान को रेफरी की तरफ से चेतावनी दे दी गई होती है (अभिकेबल कॉशन)।
- यदि-पहलवान अपनी आदतों से बाज नहीं आता है, तो रेफरी मैच को रोक देता है।
- जो पहलवान फॉल्ट है, उसे कॉशन (0 प्वॉइंट) दिया जाता है।
- प्रतिद्वंद्वी पहलवान को एक प्वॉइंट देता है।

नोट : ऐसे सभी मामलों में, किसी भी विलफुल बटिंग (wilful butting), वह चाहे हेड का हो अथवा शरीर के किसी भी हिस्से से जुड़ा हो, की घटना में जो पहलवान जवाबदेह होता है, उसको शीघ्र ही बाउट से एलिमिनेट कर दिया जाता है। ऑफिसिएटिंग टीम इसका फैसला करता है। पहलवान (फॉल्ट) के एक्शन का मूल्यांकन करते हुए, आवश्यकता हुई, तो उसको पूरी प्रतियोगिता से भी निकाल बाहर किया जा सकता है। आखिर में एलिमिनेशन अथवा ब्रुटलिटी का फैसला होता है।

❑

21

विरोध (प्रोटेस्ट)

- मैच के आखिर में कोई भी विरोध लागू नहीं माना जाएगा अथवा यह कह सकते हैं कि मैच के आखिर में आप विरोध दर्ज नहीं करा सकते हैं।
- केवल मैट पर प्राप्त किए गए आँकड़े (प्वॉइंट्स) गिने किए जाते हैं और परिणाम बताया जाता है।
- यदि फिला प्रेसिडेंट अथवा रेफरिंग विभाग को लगता है कि रेफरिंग इकाई ने अपने अधिकारों का गलत प्रयोग किया है तथा मैच के परिणाम को परिवर्तित करने का उनकी तरफ से प्रयास किया गया है, तो वे फिला ब्यूरो की सहमति से, वीडियो की स्क्रीनिंग की जाँच करेंगे और दोषी पाए जाने पर उनके विरुद्ध फिला के नियमों के अनुसार काररवाई की जा सकती है।
- किसी भी स्थिति में मैच के परिणाम को परिवर्तित नहीं किया जा सकता है।

❑

22

महिला कुश्ती के अंतरराष्ट्रीय नियम

उम्र वर्ग

स्कूली लड़कियाँ — 14–15 साल (तेरह साल के होने पर इसको प्रमाणित करता मेडिकल प्रमाण-पत्र तथा अभिभावकों की सहमति के साथ प्रमाणित)।

कैडेट्स — 16–17 साल (पंद्रह साल से मेडिकल प्रमाण-पत्र तथा अभिभावकों की सहमति के साथ प्रमाणित, यानी पूर्ण प्रमाण-पत्र)

जूनियर्स — 18–20 साल (सत्रह साल के होने पर इसको प्रमाणित करता मेडिकल प्रमाण-पत्र तथा अभिभावकों की सहमति के साथ प्रमाणित)।

सीनियर्स — बीस साल और उसके ऊपर।

नोट : महिला पहलवान, जो कैडेट वर्ग में भाग लेने के समय में 17 साल की हो गई हों, वे सीनियर वर्ग में भी भाग ले सकती हैं, यदि उनकी उम्र को प्रमाणित करता मेडिकल प्रमाण-पत्र तथा अभिभावकों का स्वीकृति पत्र प्राप्त होता हो, तब।

वेट कैटेगॉरीज इस प्रकार हैं—

स्कूली लड़कियाँ

28–30 Kg
32 Kg
34 Kg
37 Kg
40 Kg
44 Kg
48 Kg
52 Kg
57 Kg
57–62 Kg

कैडेट्स

36–38 Kg
40 Kg
43 Kg
46 Kg
49 Kg
52 Kg
56 Kg
60 Kg
65 Kg
65–70 Kg

जूनियर्स

40–44 Kg
48 Kg
51 Kg
55 Kg
59 Kg
63 Kg
67 Kg
67–72 Kg

सीनियर्स

44–48 Kg
51 Kg
55 Kg
59 Kg
63 Kg
67 Kg
67–72 Kg

❑

23

महिला पहलवान के वस्त्र

महिला प्रतिभागियों को कॉम्पीटीशन के लिए विशेष रूप से तैयार वस्त्र धारण करने पड़ते हैं, जिनका उल्लेख पीछे किया जा चुका है।

इसके साथ ही उन्हें कुछ बातों का ध्यान रखना चाहिए—

- अंडर-वायर्ड ब्रा पहनना मना है।
- ईअरिंग नहीं पहन सकती हैं।
- हेयर स्काईड्स मना है।
- ब्रैसलेट्स पर प्रतिबंध है।
- रिंग्स नहीं पहन सकतीं।
- कोई भी मेटल, मना है।
- कोई भी रिजिड ऑब्जेक्ट मना है।
- पुरुष की कुश्ती सिंग्लेट (भीतर टी-शर्ट के साथ) मना है।
- सभी कैडेट के लिए फिला अनुमोदित ईअर प्रोटेक्टर्स आवश्यक होते हैं।
- जूनियर महिला पहलवान भी इसका इस्तेमाल करें।
- लेकिन सीनियर महिला प्रतियोगी ईअर प्रोटेक्टर्स का अपनी मरजी से चुनाव कर सकती हैं, यानी उन्हें यह पहनना है या नहीं, यह निर्णय उनको करना होता है।

वे-इन

महिला प्रतियोगियों पर पुरुषों के समान ही नियम लागू होते हैं। 'वे-इन' के

सिद्धांतों के बारे में पिछले अध्यायों में प्रकाश डाला जा चुका है।

बाउट की लेंथ

स्कूली लड़कियाँ तथा कैडेट्स के लिए

डेढ़ मिनट के तीन पीरियड्स

जूनियर्स तथा सीनियर्स के लिए

दो मिनट के तीन पीरियड्स

नोट : तीन पीरियडों के बीच तीस सेकेंड के ब्रेक लागू होते हैं।

सामान्य टेक्निकल रूल्स

जैसा पुरुषों के मामले में होता है, वही नियम स्त्री वर्ग में भी लागू होते हैं।

अवैध होल्ड्स

सामान्य तौर पर महिला कुश्ती में भी पुरुष कुश्ती के नियम (अवैध होल्ड्स के सिलसिले में) लागू होते हैं।

पर स्त्री वर्ग में निम्नलिखित होल्ड्स पर सख्त पाबंदी है (निषेध है)—

- 'पार टेरे' अथवा स्टैंडिंग पोजीशन में सभी डबल नेल्संस (Nelsons)।

❑

24

बीच कुश्ती के सूत्र

पुरुष तथा महिला वर्ग—

उम्र वर्ग

कैडेट के लिए—10 से 15 वर्ष

जूनियर्स के लिए—16 से 20 साल

सीनियर्स के लिए—21 साल तथा उससे ऊपर

वजन वर्ग

सभी प्रतियोगियों को दो भागों में बाँटा जाता है, ये दो कैटेगॉरीज हैं—

- एक लाइट (कम) कैटेगॉरी
- एक हेवी (ज्यादा) कैटेगॉरी

इसमें 'वे-इन' नहीं होता। भाग लेनेवाले प्रतिभागियों के corpulence (कोरपुलेंस) के अनुसार ही कैटेगॉरी में उन्हें रखा जाता है तथा यह इस क्रम में होता है कि प्रतिभागी तेजी से, यथाशीघ्र संभावित आइडियल डिविजिबल नंबर तक पहुँच सकें।

प्रतियोगिता के प्रकार

- बिना किसी मान्यता या लाइसेंस के प्रतिभागी खुलेआम टूर्नामेंट या चैंपियनशिप में भाग ले सकते हैं।

- नेशनल फेडरेशन से मान्यताप्राप्त प्रतिभागियों के लिए टूर्नामेंट या चैंपियनशिप आरक्षित है।

प्रतियोगिता ड्रेस

- पुरुषों के लिए ट्रंक्स (बिना किसी दूसरे एसेसॅरीज के)।
- महिलाओं के लिए स्विम सूट (वन पीस अथवा टू पीस बिकनी, बिना किसी दूसरे एसेसॅरीज के)।

कंपीटीशन सर्फेस

6 मीटर डॉयमीटर के सर्किल के अंदर, रेत पर।

मैच ड्यूरेशन

अधिकतम तीन मिनट का एक पीरियड।

कंपीटीशन सिस्टम

डायरेक्ट एलिमिनेशन के साथ प्रतियोगिता शुरू होती है। ½ फाइनल्स के दोनों लूजर्स तीसरे स्थान में रैंक पाते हैं।

पुरुष तथा महिला पहलवान की पहचान

कैटेगॉरीज के आधार पर बँटवारे के बाद प्रत्येक पहलवान को एक विशेष प्रकार का 'एंकल बैंड' दिया जाता है, जिस पर (एक) से नंबर होते हैं (प्रत्येक कैटेगरी के लिए अलग)। यह प्रत्येक पहलवान को 'एंकल' के साथ पहनना होता है।

प्रत्येक मैच के बाद मैच का लूजर बैंड उतारकर रेफरी को सौंप देता है।

ऑफिसिएटिंग

पर्सन-इन-चार्ज रेफरी की तरह अधिकार व व्यवहार रखता है। उसके निर्णय पर सवालिया निशान नहीं लगाया जा सकता तथा यह सभी के लिए मान्य होता है।

विजय के प्रकार

'बीच कुश्ती' केवल स्टैंडिंग पोजीशन में ही संपन्न होता है। जीत का आधार निम्नलिखित तरीके से निर्धारित किया जा सकता है—

- फॉल के द्वारा
  (जब एक पहलवान ग्राउंड पर दोनों शोल्डर्स का स्पर्श करता है)।
- थ्रो के द्वारा
  (जब एक पहलवान मैच के दौरान दो बार अपने प्रतिद्वंद्वी के शरीर के एक भाग को ग्राउंड पर छूने में सफल रहता है)।

नोट : इस एक्शन में अटैकिंग पहलवान ग्राउंड पर एक या दोनों घुटने रख सकता है।

- कंपीटीशन एरिया को छोड़ना
  (यदि पहलवान अपने प्रतिद्वंद्वी को कंपीटीशन एरिया से बाहर करने के लिए मैच के दौरान दो बार एक पाँव से धक्का देता है तथा उस एक्शन में वह सफल रहता है, यानी वह प्रतिद्वंद्वी को इस प्रकार से कंपीटीशन एरिया से बाहर कर देने में सफल रहता है।)
- अतिरिक्त थ्रो के द्वारा
  (कंपीटीशन एरिया से बेदखल करने के लिए अतिरिक्त थ्रो का इस्तेमाल करता है।)
- पर्सन-इन-चार्ज के निर्णय से
  (जब तीन मिनट पूरा होने पर दूसरे पहलवान की तुलना में पहले पहलवान द्वारा कोई एक्शन कार्यान्वित नहीं किया जाता।)

निषेध

- किक अथवा पंच
- फेस पर अटैक
- बाल पर अटैक
- शरीर में तेल लगाना
- शरीर में फिसलन बढ़ानेवाली किसी भी तेलयुक्त अथवा चिकनी वस्तु या पदार्थ का इस्तेमाल
- होल्ड्स जो डिस्लोकेशन की ओर ले जाए
- बिना किसी कारण मैच रोक देना, ये सब निषेध हैं।

क्लासिफिकेशन

- एक प्रथम, एक दूसरा तथा दो तीसरे स्थान के लिए प्रत्येक लाइट तथा

हेवी कैटेगॅरी के लिए घोषित किए जाते हैं।

- टूर्नामेंट के अब्सॉलूट कैटेगॅरी के विजेता को निर्धारित करने के लिए प्रत्येक कैटेगॅरी के प्रथम दो पहलवान कुश्ती करते हैं।
- लाइट कैटेगॅरी में पहला बनाम हेवी कैटेगॅरी में पहला।
- लाइट कैटेगॅरी में दूसरा बनाम हेवी कैटेगॅरी का दूसरा।

❑

25

कोच

- बाउट के दौरान मैट के छोर से (किनारे से) कम-से-कम दो मीटर दूर अथवा प्लेटफॉर्म के फुट पर कोच रह सकता है।
- कोच मेडिकल सर्विस के दौरान अपने पहलवान के बारे में डॉक्टर से बात कर सकता है।
- कोच को यह भी जानने अथवा पता करने का अधिकार है कि इंजर्ड होने पर उसके पहलवान को क्या ट्रीटमेंट दिया जा रहा है।
- कोच हमेशा अपने पहलवान के सामने खड़ा रहता है, अर्थात् पहलवान के बचाव व सहयोग, जरूरी सूचनाएँ मुहैया कराने, आदि के लिए तत्पर रहता है।
- कोच को यह अधिकार नहीं है कि वह बाउट के निर्णय के बारे में हस्तक्षेप कर सके।
- कोच को यह अधिकार नहीं है कि वह रेफरी अथवा जज के निर्णय पर उँगली उठा सके तथा जज या रेफरी को अपमानित कर सके।
- वह सिर्फ और सिर्फ अपने पहलवान से बात कर सकता है।
- यदि इन नियमों (Restrictions) का पालन नहीं किए जाते हैं अथवा कोच इन पर गौर नहीं करता तो रेफरी मैट चेयरमैन से अनुरोध करता है कि वह कोच को 'येलो कार्ड' (चेतावनी) दिखाए अथवा इसके साथ बात करे। यदि वह ऐसा नहीं करता है, अथवा अपनी बातों पर अड़ जाता है, तो ऐसी स्थिति में मैट चेयरमैन उसे 'लाल कार्ड' दिखाएगा, जिसका सीधा

अर्थ है—कोच को एलिमिनेट किया जाता है।

- मैट चेयरमैन अपनी ओर से भी 'येलो' अथवा 'रेड' कार्ड दिखा सकता है अर्थात् अगर मैट चेयरमैन को ऐसा लगता है कि कोच बदतमीजी पर उतर आया है, तो वह रेफरी का इंतजार (सिग्नल का) न करके स्वयं ही हस्तक्षेप करते हुए अपने अधिकार का प्रयोग करके 'येलो' अथवा 'रेड' कार्ड का प्रयोग कर सकता है।
- जैसे ही रेड कार्ड दिया जाता है, मैट चेयरमैन इसकी सूचना कंपीटीशन डायरेक्टर को देता है और कोच को प्रतियोगिता से बाहर कर दिया जाता है। यह भी संभव है कि कोच ज्यादा समय तक अपनी ड्यूटी से वंचित रहे। ऐसी स्थिति में कुश्ती टीम को यह पूरा अधिकार है कि वह तब तक दूसरे कोच की सेवाएँ प्राप्त कर सके।
- कोच को यह भी अधिकार नहीं है कि वह मैच के दौरान अथवा विराम के समय अपने पहलवान को पानी या कोई जरूरी पदार्थ (खाने-पीने आदि से संबंधित चीज) दे सके।

❑

26

कुश्ती खेल शब्दकोश

कुश्ती में ज्यादातर अंग्रेजी या फ्रेंच शब्दों अथवा शब्द-समूहों का इस्तेमाल किया जाता है। कुश्ती में प्रयुक्त होनेवाले कुछ शब्द या शब्द-समूह के सरल अर्थ बताए जा रहे हैं। इन शब्दों का प्रयोग ऑफिसिएटिंग टीम का प्रत्येक सदस्य कर सकता है, अत: विद्यार्थियों के लिए यह जानना जरूरी है कि उनके क्या अर्थ होते हैं—

1. सैल्यूट (Salut)

अर्थ : पहलवान द्वारा एक-दूसरे का अभिवादन या हाथ मिलाना।

2. स्टार्ट (Start)

अर्थ : रेफरी पहलवानों को मैट के अपोजिट कॉर्नर्स पर खड़ा होने के लिए आमंत्रित करता है। यह वह स्थिति होती है, जब पहलवान सेंटर की ओर परीक्षक तथा एक-दूसरे से हाथ मिलाने के लिए बढ़ते हैं। इसके बाद वे अपनी निर्धारित जगह (कॉर्नर्स) पर लौट जाते हैं तथा रेफरी के अगले आदेश अथवा यूँ कहें कि रेफरी की व्हिसल का इंतजार करते हैं, जिसके द्वारा यह उन्हें कुश्ती शुरू करने का संकेत करता है।

3. कॉन्टैक्ट (Contact)

अर्थ : यह वह स्थिति होती है, जब रेफरी के संकेत पर पहलवान अपने

प्रतिद्वंद्वी, जो ग्राउंड पर अंडरनीथ होता है, की पीठ पर अपने दोनों हाथ रखता है। इसी के लिए रेफरी पहलवान को बुलाता है। स्टैंडिंग पोजीशन में पहलवान 'बॉडी-टू-बॉडी' कॉन्टैक्ट करते हैं।

4. ओपेन (Open)

अर्थ : पहलवान अपनी पोजीशन अल्टर करता है तथा अधिक खुलकर कुश्ती की तरकीबों को अपनाता (adopt) है।

5. डवाई (Dawai)

अर्थ : रेफरी पहलवानों को और एक्टिव होकर कुश्ती करने को प्रोत्साहित करता है।

6. फॉल्ट (Fault)

अर्थ : तकनीकी नियमों का उल्लंघन अथवा एक अवैध होल्ड।

7. डेंजर (Danger)

अर्थ : खतरे की स्थिति।

8. एक्शन (Action)

अर्थ : पहलवान होल्ड को कार्यान्वित करता है, जो उसने शुरू किया होता है।

9. गोंग (Gong)

अर्थ : एक विशेष तरह की गोंग की आवाज, या संकेत, जिसके जरिए बाउट का आरंभ व समापन होता है।

10. नान (Non)

अर्थ : इस शब्द का प्रयोग तभी होता है, जब एक्शन वैलिड नहीं होता। यह इशारा करता है।

11. ओके (O.K.)

अर्थ : होल्ड पूरी तरह करेक्ट व वैलिड है। यदि जज तथा मैट चेयरमैन ऐसी स्थिति में बैठे होते हैं कि वे ठीक से यह नहीं देख पाते कि अपोजिट साइड पर क्या कुछ घटा है, तो रेफरी अपना हाथ उठाकर यह संकेत करता है कि होल्ड मैट की बाउंड्री के अंदर अथवा बाहर कार्यान्वित किया गया था।

12. आउट (Out)

अर्थ : मैट के बाहर होल्ड किया गया।

13. स्टॉप (Stop)

अर्थ : बाउट को रोकना।

14. अटेंशन (Attention)

अर्थ : रेफरी कॉशन की अपील (ऐसा मान लिया जाता है कि 'पार टेरे' पोजीशन करेक्ट है, उसके रिफ्यूजल के लिए) करने से पहले पैसिव पहलवान को वार्न करता है।

15. हेड अप (Head Up)

अर्थ : पहलवान अपना सिर उठाता है। रीपिटेड अटैक, जो एक पहलवान द्वारा किया जाता है और जो अपना हेड आगे की ओर थ्रस्ट करता है, ऐसे मामले में रेफरी यह आदेश देता है।

16. जंबे (Jambe)

अर्थ : पहलवान ने लेग–एरर किया होता है। प्रायः ग्रीको–रोमन में इस शब्द का प्रयोग होता है।

17. प्लेस (Place)

अर्थ : जब कोई पहलवान अपने हाथ से मैट को स्ट्राइक (Strike) करता है, तो उसी समय यह शब्द 'Place' सुना जा सकता है। इसके जरिए रेफरी पहलवानों को यह स्मरण कराता है कि वे मैट को फ्लो न करें।

18. अ टेरे (A Terre)

अर्थ : 'पार टेरे' पोजीशन में बाउट को पुनः शुरू करना होता है।

19. पोजीशन (Position)

अर्थ : रेफरी की सीटी बजने से पहले पहलवान ग्राउंड पर प्रारंभिक (इनिशियल) स्थिति में रहते हैं (ग्रीको-रोमन कुश्ती में कॉन्टैक्ट के क्रम में)।

20. जोन (Zone)

अर्थ : यदि पहलवान रेड जोन में प्रवेश करते हैं, तो उसी समय तेज आवाज में 'Zone' शब्द की आवाज सुनाई देती है।

21. अप (UP)

अर्थ : बाउट को स्टैंडिंग पोजीशन में फिर से आरंभ करने के सिलसिले में।

22. इंटरवेंशन (Intervention)

अर्थ : जज, रेफरी अथवा मैट चेयरमैन इंटरवेंशन के लिए कहते हैं।

23. फिन (Fin)

अर्थ : बाउट का समापन।

24. डिफेट (Defaite)

अर्थ : अपोनेंट पीटा जाता है।

25. सेंटर (Centre)

अर्थ : पहलवान मैट के सेंटर पर लौटकर वहाँ बाउट जारी रखते हैं।

26. क्रोनोमीटर (Chronometre)

अर्थ : रेफरी टाइमकीपर को आदेश देता है, उसके बाद टाइमकीपर स्टॉप वाच को शुरू अथवा बंद या रोक सकता है।

27. डिस्क्वॉलिफिकेशन (Disqualification)

अर्थ : खेल के नियमों के विरुद्ध आचरण अथवा brutality के लिए 'डिस्क्वॉलिफिकेशन' की घोषणा की जाती है।

28. टच (Touche)

अर्थ : इस शब्द का प्रयोग तब होता है, जब पहलवान 'फॉल' के द्वारा पिट जाता है। फॉल के लिए रेफरी स्वयं कहता है—'टोंबो', अपने हाथ से मैट स्ट्राइक करता है तथा व्हिसल देता है, जिसका अर्थ है या संकेत होता है कि बाउट समाप्त हुआ।

29. डेक्लेयर बटू (Declare Battu)

अर्थ : ऑफिसिएटिंग टीम के निर्णय से हार का बाद में फैसला किया जाता है।

30. टाइम आउट (Time Out)

अर्थ : जब पहलवानों में से कोई एक कुश्ती रोक देता है। इसके पीछे पहलवान का जख्मी होना अथवा कोई अन्य कारण हो सकता है। रेफरी इस एक्सप्रेशन के जरिए टाइमकीपर को इशारा करता है कि वह अपना स्टॉपवाच रोके।

31. कॉन्टिन्यूर (Continuer)

अर्थ : रेफरी के आदेश से बाउट को फिर से आरंभ किया जाता है। उसके लिए वह कॉन्टिन्यूर करता है। रेफरी इस शब्द का प्रयोग उस स्थिति में भी करता है, जब पहलवान कंफ्यूजन की स्थिति में रुक जाते हैं तथा रेफरी की ओर सवालिया नजर से देखने लग जाते हैं। जैसे वे यह जानना चाह रहे हों कि उन्हें क्या करना चाहिए। इस पर रेफरी 'Continuer' शब्द का प्रयोग करता है।

❑

अंतिम अध्याय

विश्व प्रसिद्ध भारतीय पहलवान : एक परिचय

1. कर्णम मालेश्वरी

आंध्र प्रदेश की रहनेवाली कर्णम मालेश्वरी पहली भारतीय महिला वेट लिफ्टर हैं, जिसने ओलंपिक मेडल जीता। यह गौरव सिर्फ कर्णम मालेश्वरी के नाम है।

कर्णम मालेश्वरी ने सन् 2000 के सिडनी ओलंपिक में 69 किलो कैटेगॉरी में कांस्य पदक पर कब्जा जमाया, वहीं उन्होंने सन् 1994 में आयोजित इस्तंबूल वर्ल्ड चैंपियनशिप में गोल्ड जीतकर अपने दमखम का परिचय दिया।

वेट-लिफ्टिंग के क्षेत्र में कर्णम मालेश्वरी ने अपने प्रदर्शन से दुनिया में भारत की इज्जत बढ़ाई है। उन्होंने अपने अद्भुत प्रदर्शन व पराक्रम से बड़ी-से-बड़ी चुनौतियों को भी सुगम बना दिया तथा ढेर सारे अवॉर्ड व सम्मान प्राप्त किए।

कर्णम ने सन् 1995 में कोरिया के पुसान में आयोजित एशियन चैंपियनशिप में 54 किलोग्राम वर्ग में जीत दर्ज की।

19 नवंबर, 1995 को चीन में आयोजित वर्ल्ड वेट-लिफ्टिंग चैंपियनशिप में मालेश्वरी ने 54 किलोग्राम वर्ग में तीन स्वर्ण पदक जीतकर एक नया विश्व रिकॉर्ड कायम किया था। उसके बाद मालेश्वरी के नाम की न केवल हिंदुस्तान में ही, बल्कि विदेशों में भी धूम मच गई। हिंदुस्तान ने मालेश्वरी को सर-माथे पर बैठा लिया, वहीं विदेशी मीडिया ने मालेश्वरी के चमत्कृत कर देनेवाले कारनामों से दुनिया के देशों को अवगत कराया।

नया वर्ल्ड रिकॉर्ड बनाने के बाद मालेश्वरी दुनिया की 'हीरो' बन गई। पूरे विश्व में मालेश्वरी के हजारों प्रशंसक हैं।

कर्णम मालेश्वरी वेट-लिफ्टिंग के क्षेत्र में आनेवाली प्रतिभाओं के लिए प्रेरणास्रोत हैं।

ऐसी महिला की वीरता का सम्मान करते हुए तथा देश को उनकी सेवाओं व सम्मान को देखते हुए भारत सरकार ने उन्हें सन् 1994-95 में राजीव गांधी खेल रत्न अवॉर्ड से सम्मानित किया।

2. सुशील कुमार

जब बीजिंग में कुछ साल पहले सुशील कुमार ने ओलंपिक कांस्य पदक पर कब्जा किया था, तब उस समय दो तरह की बातें हो रही थीं। कुछ लोगों का विचार था कि सुशील की इस कामयाबी के पीछे उसके भाग्य का हाथ था, तो कुछ लोग इसे सुशील की मेहनत व लगन का इनाम बता रहे थे, पर अधिकांश लोगों का यही मत था कि यह सब सुशील के भाग्य का फल था।

सुशील कुमार ने अपने बारे में चल रही इन अटकलों को तब खारिज कर दिया, जब उन्होंने मास्को में आयोजित वर्ल्ड चैंपियनशिप में स्वर्ण पदक जीता था। विश्व विजेता बनने के साथ ही सुशील ने उन लोगों को करारा जवाब दिया, जो उनकी योग्यता व क्षमता पर शंका जाहिर करते आ रहे थे।

निस्संदेह सुशील कुमार कुश्ती वर्ल्ड के चमकते सितारे हैं। वर्ल्ड चैंपियन सुशील कुमार पहले भारतीय हैं, जिन्होंने विश्व में भारत का मान बढ़ाया और वर्ल्ड कुश्ती में नया इतिहास लिखा है। 26 जनवरी, 2011 की पूर्व संध्या पर राष्ट्र ने उनकी सेवाओं तथा उपलब्धियों के लिए उन्हें पदमश्री से सम्मानित किया है।

सुशील कुमार की उपलब्धियों तथा रिकॉर्डों की एक लंबी सूची है। उन्होंने ढेर सारे अवॉर्ड व पुरस्कार जीते हैं।

हरियाणा के इस महाबली ने फ्री-स्टाइल में देश के पहलवानों को उत्साहित किया है।

3. ग्रेट गामा

सन् 1880 में जन्मे ग्रेट गामा को 'गामा पहलवान' भी कहा जाता है। अमृतसर, पंजाब में जन्मे गामा पहलवान को वर्ल्ड हेवीवेट चैंपियनशिप के साउथ एशियन वर्सन का अवॉर्ड देकर सम्मानित किया गया था। यह अवॉर्ड उन्हें 15

अक्तूबर, 2010 को मिला था।

विश्व कुश्ती के इतिहास में यह भारतीय पहलवान 'पंजाब का शेर' भी कहा जाता है।

आज तक गामा पहलवान के मुकाबले का पूरे विश्व में कोई भी पहलवान पैदा नहीं हुआ। कुश्ती के इतिहास में उन्हें सबसे बड़े पहलवानी पहलवान के रूप में याद किया जाता है।

सन् 1947 में भारत आजाद हुआ, तो इस आजादी ने भारत को दो हिस्सों में बाँट दिया। विभाजन के बाद गामा पाकिस्तान चले गए।

पाकिस्तान के मशहूर कद्दावर नेता व एक समय प्रधानमंत्री रह चुके नवाज शरीफ की पत्नी कलसूम बट्ट पहलवान गामा की ग्रैंड-डॉटर थीं।

गामा कश्मीरी पहलवान के नाम से भी विख्यात हैं। उनका देहांत 21 मई, 1960 को लाहौर में हुआ था।

4. नरसिंह पंचम यादव

भारतीय पहलवान नरसिंह पंचम यादव, पंचम यादव तथा भुलना देवी के बेटे हैं।

नरसिंह पंचम यादव पूर्वी उत्तर प्रदेश से संबंध रखते हैं। नरसिंह के पिता पंचम यादव मुंबई में दूध का कारोबार करते हैं, जबकि उनकी पत्नी भुलना देवी वाराणसी जिलांतर्गत अपने गाँव तीमा में रहती हैं।

इस दंपति के दो बेट हैं—नरसिंह तथा विनोद। दोनों ही पहलवान हैं। पिछले साल दिल्ली में हुए कॉमनवेल्थ गेम्स में नरसिंह पंचम यादव ने फ्री- स्टाइल के 74 क्रिलो के वर्ग में स्वर्ण पदक जीता था।

नरसिंह यादव को बचपन से ही कुश्ती का शौक था। वह क्षेत्रीय तथा राष्ट्रीय स्तर पर कुश्ती खेला करते थे।

मात्र तेरह साल की उम्र में ही उन्होंने अपने गुरु की देख-रेख में कुश्ती प्रतियोगिताओं में भाग लेना शुरू कर दिया था।

वर्तमान में मुंबई के जोगेश्वरी में निवास कर रहे नरसिंह पंचम यादव भारतीय रेलवे में जूनियर टिकट चेकर हैं।

5. अलका तोमर

सन् 2006 में आयोजित दोहा एशियन गेम्स में कुश्ती के 55 किलो फ्री-

स्टाइल में कांस्य पदक जीतनेवाली अलका तोमर ने उसी वर्ष चीन में आयोजित सीनियर कुश्ती चैंपियनशिप में भी कांस्य पदक जीता था।

अलका तोमर भारत की नेशनल वीमेन कुश्ती चैंपियन हैं। उनका जन्म उत्तर प्रदेश के मेरठ जिलांतर्गत एक गाँव सिसोली में रहनेवाले एक राजपूत परिवार में हुआ था। मात्र 6 वर्ष की आयु में ही अलका ने कुश्ती खेलना शुरू कर दिया था।

भारत सरकार ने सन् 2007 में अलका तोमर को अर्जुन अवॉर्ड देकर गौरवान्वित किया था।

पिछले साल दिल्ली में हुए कॉमनवेल्थ गेम्स में अलका ने स्वर्ण पदक था। इस तरह से वह पश्चिमी उत्तर प्रदेश में गोल्ड मेडल जीतनेवाली अकेली महिला हैं।

6. बबीता कुमारी

महिला पहलवानों में एक उभरता नाम है बबीता कुमारी। भिवानी (हरियाणा) की रहनेवाली बबीता कुमारी ने कॉमनवेल्थ गेम्स-2010 में 51 किलो फ्री-स्टाइल वर्ग में (महिलाओं की कुश्ती में) रजत पदक जीता था।

बबीता के पिता महावीर सिंह स्वयं एक पहलवान हैं तथा बबीता के गुरु भी। वे अपनी देखरेख में बबीता को बचपन से ही कुश्ती के दाँव-पेच सिखाते आ रहे हैं।

बबीता दो बहनें हैं—बबीता तथा गीता। दोनों बहनें पहलवान हैं। हालाँकि महावीर सिंह के कुल पाँच बेटियाँ हैं तथा बबीता व गीता के अलावा शेष बहनें भी पहलवान हैं, लेकिन कॉमनवेल्थ गेम्स 2010 में ये दो नाम ही ज्यादा प्रकाश में आए—एक स्वर्ण पदक विजेता गीता के रूप में तथा दूसरी बहन बबीता का नाम प्रकाश में आया, जब बबीता ने कुश्ती में रजत पदक जीता था। हालाँकि उनसे स्वर्ण पदक जीतने की उम्मीद लगाई गई थी, पर वक्त अथवा भाग्य ने उनका साथ नहीं दिया था।

7. गीता कुमारी

भारतीय पहलवान में अत्यंत चर्चित व उल्लेखनीय नाम है—गीता कुमारी। गीता कुमारी भिवानी की रहनेवाली हैं। वह पूर्व भारतीय पहलवान महावीर सिंह की बेटी हैं। जब पिछले साल दिल्ली में आयोजित हुए कॉमनवेल्थ गेम्स में कुश्ती के इवेंट में गीता ने स्वर्ण पदक जीता था, तो महावीर सिंह का कलेजा गज भर

चौड़ा हो गया था। जिस बेटी को उन्होंने बड़े प्यार व अरमानों से पाला था, स्वयं गुरु बनकर कुश्ती के दाँव-पेच सिखाए थे, उसी गुरु की शिष्या व बेटी ने स्वर्ण पदक जीतकर अपने बाप के उस सपने को साकार कर दिया था, जब महावीर सिंह ने कॉमनवेल्थ गेम्स में भाग लेने के अवसर पर बेटी से कहा था—स्वर्ण पदक जीतकर लौटना।

गीता कुमारी ने इस लक्ष्य को हासिल करके न केवल अपने पिता व प्रदेश का नाम ही रौशन किया है, बल्कि भारतवासियों का दिल भी जीता है।

8. योगेश्वर दत्त

सोनीपत, हरियाणा के रहनेवाले योगेश्वर दत्त का जन्म 11 दिसंबर, 1982 को हुआ था। वह भारतीय कुश्ती जगत् में महत्त्वपूर्ण स्थान रखते हैं।

बहुत कम उम्र में ही उन्होंने कुश्ती शुरू कर दिया था। लेकिन उनका नाम तब प्रकाश में आया, जब सन् 1998 में आयोजित इंडियन नेशनल चैंपियनशिप में उन्होंने जबर्दस्त प्रदर्शन करके सबको चौंका दिया। इसके साथ ही राष्ट्र का ध्यान उनकी तरफ गया।

उन्होंने सन् 2003 के कॉमनवेल्थ चैंपियनशिप में स्वर्ण पदक जीता था।

योगेश्वर दत्त की अन्य श्रेष्ठ उपलब्धियाँ हैं—

- दोहा में आयोजित 15वें एशियन गेम्स में 60 किलोग्राम वर्ग में दत्त ने कांस्य पदक जीता।
- सन् 2008 के बीजिंग ओलंपिक्स में 60 किलोग्राम फ्री-स्टाइल कुश्ती में भारत का प्रतिनिधित्व किया।
- सन् 2008 के एशियन चैंपियनशिप में स्वर्ण पदक जीता इसका आयोजन दक्षिण कोरिया में हुआ था।
- सन् 2010 के कॉमनवेल्थ गेम्स में स्वर्ण पदक जीता।

9. कसाब दादा साहेब जाधव

फ्री-स्टाइल पहलवान में कसाब दादा साहेब जाधव किसी परिचय के मोहताज नहीं हैं।

कसाब को खसाबा भी कहा जाता है। उन्होंने ओलंपिक फ्री-स्टाइल पहलवानों में अपने प्रदर्शन के बल पर महत्त्वपूर्ण जगह बनाई। वे नए-पुराने सभी फ्री-स्टाइल पहलवानों के लिए आदर्श रहे हैं।

खसाबा ने सन् 1948 के ओलंपिक्स में छठा स्थान प्राप्त किया था, जबकि सन् 1952 के ओलंपिक में कांस्य पदक जीतकर प्रसिद्धि के शिखर पर पहुँच गए थे।

10. मोहम्मद बशीर

मोहम्मद बशीर ने ओलंपिक फ्री-स्टाइल कुश्ती में सर्वोच्च व श्रेष्ठ स्थान प्राप्त किया।

उन्होंने कुश्ती की दुनिया में जो नाम कमाया है, वहाँ तक पहुँचने का ख्वाब अब तक हर फ्री-स्टाइल पहलवान का अधूरा ही रहा है।

वह सन् 1960 ओलंपिंक के कांस्य पदक हैं। वे तीन बार कॉमनवेल्थ गेम्स के स्वर्ण पदक विजेता तथा चार बार के एशियन गेम्स पदक विजेता भी रह चुके हैं।

11. सतपाल सिंह

भारतीय पहलवान में सतपाल सिंह को कौन नहीं जानता। कुश्ती वर्ल्ड में ही नहीं, बल्कि उत्तर भारतीय खेल प्रेमी इस नाम को भुला नहीं सकते हैं।

सतपाल सिंह सन् 1982 एशियन गेम्स के स्वर्ण पदक विजेता रह चुके हैं। वह वर्तमान में क्रीड़ा विभाग, दिल्ली में महानिदेशक पद पर कार्यरत हैं।

12. मास्टर चंदगीराम

अगर आप दिल्ली में रहते हैं, तो चंदगीराम अखाड़ा का नाम जरूर सुना होगा। यह पुरानी दिल्ली में है तथा इस अखाड़ा को अब भी चलाया जा रहा है।

मास्टर चंदगीराम सन् 1970 के एशियन गेम्स के स्वर्ण पदक विजेता रह चुके हैं। उन्होंने अपने समय में बड़े-बड़े पहलवानों को धूल चटाई है।

उपरोक्त बड़े नामों में गुरु हनुमान, गुरु जसराम, करीम बख्स, संदीप कुमार राठी, पलविंदर सिंह चीमा, बिशंबर सिंह, भीम सिंह भट्टी जैसे नामों को कुश्ती की दुनिया में भुलाना शायद मुश्किल होगा।

कुश्ती वर्ल्ड के इन महारथियों ने अपने समय में भारतीय कुश्ती को नई ऊँचाइयों पर पहुँचाया है।

गुरु हनुमान तो कोच भी रहे हैं। गुरु जसराम मथुरा रोड, दिल्ली में अखाड़ा चला रहे हैं।

करीम बख्स ने सन् 1982 में इंग्लैंड के पहलवान टॉम कैनन को हराकर विश्व कुश्ती में खलबली मचा दी थी।

संदीप कुमार राठी एशियन चैंपियन रहे हैं। पलविंदर सिंह चीमा दो बार एशियन सुपर हेवीवेट कांस्य पदक रह चुके हैं। वह वर्ल्ड जूनियर सुपरवेट (हेवी) चैंपियन हैं।

बिशंबर सिंह रजत पदक विजेता हैं। वह वर्ल्ड कुश्ती चैंपियन की स्पर्धाओं में कई बार भाग ले चुके हैं।

भीम सिंह भट्टी ने सन् 1966 में स्वर्ण पदक जीता था। भारत सरकार ने उन्हें अर्जुन अवॉर्ड से सम्मानित किया है।

वर्तमान में भीम सिंह भट्टी ग्रेटर नोएडा के अंतर्गत एक गाँव रामपुर में रह रहे हैं। वह भीम पहलवान के नाम से मशहूर हैं।

विश्व कुश्ती में एक और महत्वपूर्ण उदम चंद का है। उदम चंद वर्ल्ड कुश्ती चैंपियनशिप में कांस्य पदक विजेता रह चुके हैं।

❑❑❑